中天实训教程

物流系统仿真

编审委员会

（排名不分先后）

主　任　于茂东

副主任　李树岭　李　钰　吴立国　张　勇

委　员　刘玉亮　邴志刚　董焕和　郝　海　李丽霞
李全利　刘桂平　缪　亮　王　健　徐国胜
徐洪义　翟　津　张　娟

本书编写人员

主　编　张志强

副主编　薛立立

编　者　张志强　薛立立　王海燕　缠　刚　梁宇晨

中国劳动社会保障出版社

图书在版编目(CIP)数据

物流系统仿真/张志强主编．—北京：中国劳动社会保障出版社，2016
中天实训教程
ISBN 978 - 7 - 5167 - 2833 - 8

Ⅰ.①物… Ⅱ.①张… Ⅲ.①物流-系统仿真-教材 Ⅳ.①F252 - 39

中国版本图书馆 CIP 数据核字(2016)第 290528 号

中国劳动社会保障出版社出版发行

（北京市惠新东街 1 号　邮政编码：100029）

*

北京金明盛印刷有限公司印刷装订　　新华书店经销

787 毫米×1092 毫米　16 开本　9.5 印张　179 千字

2016 年 12 月第 1 版　　2016 年 12 月第 1 次印刷

定价：26.00 元

读者服务部电话：（010）64929211/64921644/84626437

营销部电话：（010）64961894

出版社网址：http://www.class.com.cn

版权专有　　　侵权必究

如有印装差错，请与本社联系调换：（010）50948191

我社将与版权执法机关配合，大力打击盗印、销售和使用盗版图书活动，敬请广大读者协助举报，经查实将给予举报者奖励。

举报电话：（010）64954652

前 言

为加快推进职业教育现代化与职业教育体系建设，全面提高职业教育质量，更好地满足中国（天津）职业技能公共实训中心的高端实训设备及新技能教学需要，天津海河教育园区管委会与中国（天津）职业技能公共实训中心共同组织，邀请多所职业院校教师和企业技术人员编写了“中天实训教程”丛书。

丛书编写遵循“以应用为本，以够用为度”的原则，以国家相关标准为指导，以企业需求为导向，以职业能力培养为核心，注重应用型人才的专业技能培养与实用技术培训。丛书具有以下一些特点：

以任务驱动为引领，贯彻项目教学。将理论知识与操作技能融合设计在教学任务中，充分体现“理实一体化”与“做中学”的教学理念。

以实例操作为主，突出应用技术。所有实例充分挖掘公共实训中心高端实训设备的特性、功能以及当前的新技术、新工艺与新方法，充分结合企业实际应用，并在教学实践中不断修改与完善。

以技能训练为重，适于实训教学。根据教学需要，每门课程均设置丰富的实训项目，在介绍必备理论知识基础上，突出技能操作，严格实训程序，有利于技能养成和固化。

丛书在编写过程中得到了天津市职业技能培训研究室的积极指导，同时也得到了河北工业大学、天津职业技术师范大学、天津中德应用技术大学、天津机电工艺学院、天津轻工职业学院以及海克斯康测量技术（青岛）有限公司、ABB（中国）有限公司、天津领智科技有限公司、天津市翰本科技有限公司的大力支持与热情帮助，在此一并致以诚挚的谢意。

由于编者水平有限，经验不足，时间仓促，书中的疏漏在所难免，衷心希望广大读者与专家提出宝贵意见和建议。

编审委员会

内容简介

本教材内容以“中国天津职业技能公共实训中心现代物流实训基地”丰富的软硬件资源和物流企业真实作业流程为依托，为实现学员运用信息技术及仿真软件对抽象的物流系统进行认知及分析优化的目的，设置了仓储物流作业系统及生产物流作业系统两大核心部分，并结合仿真软件学习及物流系统复杂性的特点，增加了针对大型物流系统的仿真分析任务。

本教材可满足在实训基地进行培训的中高职、本科及物流企业工作人员的培训使用要求

目 录

项目一

物流仿真软件介绍

物流仿真软件在制造及物流业的应用已经达到了一个非常普遍的水平。当高通（Qualcomm）想通过精简手机制造流程改善库存管理，大幅度减少成本以保持市场竞争力的时候，它求助的方法是仿真技术；当UPS（United Parcel Service）想在确保客户服务质量的前提下，在庞大的人员车辆配置和成本之间取得最佳平衡的时候，它求助的也是仿真技术；当宝洁（P&G）总部提出设计一个覆盖北美的高效的供应链网络时，不但要求满足客户的日常订单处理和配送服务，还要求这个供应链网络具有极强的抗波动性，它所求助的方法还是仿真技术。仿真技术在复杂系统的分析和决策中的巨大价值在欧美已成为不争的事实，每年创造着数千亿美元的经济效益。

在新建与改建物流中心时，先通过模仿现实物流中心的机械设备以及人员操作等，在电脑上构建虚拟物流中心，以此取代现实的机械设备和物流工人。利用该虚拟物流中心可完成各种各样的系统验证操作，以便能建设出“工期短、成本低、质量高”的物流中心。当一个机构决定要使用一个新的设计或新的概念时，往往由于时间和资金的限制，没有办法承受失败所带来的风险。因此，仿真技术可以帮助他们降低失败的风险，通过电脑虚拟现实的情况，决策者可以知道概念或设计的可行性，从而帮助他们做出明智的决定。

任务一　物流仿真软件整体认知

一、物流仿真及其分类

1．物流仿真定义

物流仿真是评估对象系统（配送中心、仓库存储系统、拣货系统、运输系统等）的整体能力的一种评价方法。物流仿真是针对物流系统进行系统建模，在电子计算机上编制相应的应用程序，模拟实际物流系统运行状况，并统计和分析模拟结果，用以指导实际物流系统的规划设计与运作管理。物流仿真使用的建模方法有排队理论、Petri 网、线性规划等。

2．物流仿真分类

（1）连续型仿真。连续系统指系统的状态在时间上是平滑变化。为了反映连续系统的特征，仿真模型建立一组由状态变量组成的状态方程，可以是代数方程、微分方程、函数方程、差分方程等。这些方程描述了各状态变量与主要变量——仿真时间的关系。在此基础上，按一定的规则将仿真时间一步一步地向前推移，对方程进行求解与评价，计算和记录各个状态变量在各个时间点的具体数值。通过连续系统的仿真模型，对系统状态在整个时间序列中的连续性变化进行动态的描述。

（2）离散型仿真。离散系统是指系统状态在某些随机时间点上发生离散变化的系统。这种引起状态变化的行为称为“事件”，因而这类系统是由事件驱动的。事件发生是随机的，因而离散系统一般都具有随机特征。系统的状态变量往往是离散变化的。离散模型仿真方法主要分为以事件为基础、以活动为基础和以过程为基础的仿真方法。以事件为基础的仿真方法是通过定义系统在事件发生时间的变化来实现的；以活动为基础的仿真方法是通过描述系统的实体所进行的活动，以及预先设置导致活动开始或结束的条件来实现的，这种仿真方法适用于活动延续时间不定，并且由满足一定条件的系统状态而决定的情况；以过程为基础的仿真方法综合了以事件为基础的仿真和以活动为基础的仿真两者的特点，描述了作为仿真对象的实体在仿真时间内经历的过程。

二、物流仿真应用领域

1. 生产物流系统重构

在实际生产过程中，产品生产 90% 的时间都用于储存、装卸、搬运等流转过程中，这些物流活动严重牵制了整个生产过程，因此，生产物流系统的重构是企业生产系统重构的关键。

要实现生产物流的重构，主要是寻找对物流资源进行科学控制和调度的方法。对物流资源进行科学控制，常用的数学方法有两种：一种是数学规划，但对于物流系统这样庞大、复杂且随机性强的系统建立一个完备的数学模型几乎是不可能的；另一种是把工作的流动认为是无计划的，其决策则完全根据系统当时的状态并利用启发式调度规则来确定，但该方法缺乏理论基础。我们可以考虑将物流控制系统独立起来并将计划调度作用于控制系统，即在计划调度层就保证其最终解的理论性，并利用仿真的手段来验证调度方案。在这一思想的指导下，有关学者提出了一种基于时间的任务队列方法而建立的面向可重构生产物流系统的仿真平台，在物流资源重构和调度策略的基础上分析各种物流方案的性能，为生产物流系统重构提供了有效的决策途径。

2. 车间物流改造

一般制造企业车间仿真都可以归类于离散事件仿真。做法是采用 Petri 网或面向对象方法对车间物流进行系统建模，利用三维可视化仿真软件完成从系统建模到仿真模型的构建。通过运行仿真模型并观察其效果，直观地从仿真画面或是仿真后得到的数据图表等形式发现车间物流系统中存在的问题，然后分析问题的原因进而对车间物流系统进行改进。

3. 瓶颈资源判定

依据 TOC 理念（约束理论），企业的产出是由它的瓶颈资源决定的。在“按订单”生产方式下，准确且尽早地确定瓶颈资源能大大地缩短生产周期，在时间方面更好地满足订单的要求。通过建模，仿真能充分考虑和体现生产系统的复杂性和随机性，在生产之前较为准确地确定瓶颈工序，从而指导生产，使企业在保证较短的生产提前期的同时，大大节省人力和物力。

4. 库存管理

传统的库存管理往往是依靠预测来安排生产。由于预测和实际存在差距，往往造成不同程度的损失，如库存不足或过剩、仓库空间紧缺、设备超负荷工作等。使用仿真技术可以确定企业何时需要再订货、订多少货，仓库的选址、布局和容量大小，各种运输、装卸设备的数量及分配规则，货物的配送方案等。可以先建立企业库存系统的模型，在此基础上对各种库存管理模型进行仿真，对仿真结果进行分析评价，从而确定最优策略。使用模拟仿真技术不仅可以动态地模拟入库、出库、库存及各种设施、资源的使用情况，避免资金、人力和时间的浪费，更重要的是，它可以为库存管理提供有效的、科学的依据，使企业能根据需要准确地掌握入库、出库的时机和数量，合理地规划和安排仓库及各类设施、资源，实现库存成本的最小化。

三、Flexsim 仿真软件介绍

1. Flexsim 仿真软件简介

Flexsim 由位于美国犹他州奥勒姆市的 Flexsim Software Products 公司出品，是一款商业化离散事件系统仿真软件。Flexsim 已成功地应用在多个领域，特别适合于生产制造、仓储配送、交通运输等物流系统领域。

Flexsim 采用面向对象技术，并具有 3D 显示功能。建模快捷方便和显示能力强是 Flexsim 仿真软件的重要特点。该软件提供了原始数据拟合、输入建模、虚拟现实显示、运行模型仿真实验、结果优化、生成 3D 动画影像文件等功能，也提供了与其他工具软件的接口。Flexsim 提供了仿真模型与 ExperFit 和 Microsoft Excel 的接口，通过 ExperFit 对输入数据进行分布拟合，可以同时在 Microsoft Excel 中方便地实现和仿真模型之间的数据交换，包括输出在运行模型过程中动态修改的运行参数。

2. Flexsim 仿真软件应用模式

Flexsim 能应用于建模、仿真以及实现业务流程可视化。下面简单地介绍一下 Flexsim 仿真软件在这三个方面的应用。

（1）建模。Flexsim 应用于深层开发对象，这些对象代表着一定的活动和排序过程。要想利用模板里的某个对象，只需要用鼠标把该对象从库里拖出来放在模型视窗即可。每一个对象都有一个坐标（x，y，z）、速度（x，y，z）、旋转以及一个动态行为（时间）。对象可以创建、删除，而且可以彼此嵌套移动，它们都有自己的功能或继承来自其他对象的功能。这些对象的参数可以把任何制造业、物料处理和业务流程的快速、轻易、高效建模的主要特征描述出来。

Flexsim 中的对象参数可以表示几乎所有存在的实物对象。像机器、操作员、传送带、叉车、仓库、交通灯、储罐、箱子、货盘、集装箱等，都可以用 Flexsim 中的模型表示，同时数据信息也可以轻松地用 Flexsim 丰富的模型库表示出来。Flexsim 可以让建模者使模型构造更具有层次结构。在组建客户对象的时候，每一组件都使用了继承的方法，在建模中使用继承结构可以节省开发时间。Flexsim 可以使用户充分利用 Microsoft Visual C + +的层次体系特性。

目前，在市场上还没有其他任何仿真软件能像 Flexsim 这样有更多的用户化设定。对使用者来说，软件的每一个方面都是开放式的。对象、视窗、图形用户界面、菜单、选择列表和对象参数等都是非常直观的。你可以在对象中根据自己的想法改变已经存在的代码，删除不需要的代码，甚至还可以创建全新的对象。值得一提的是，不论是你所设定的还是新创建的对象都可以放入库中，而且可以应用在别的模型中。最重要的是，在 Flexsim 中可以用 C + +语言创建和修改对象，同时，利用 C + +可以控制对象的行为活动。Flexsim 的界面、按钮条、菜单、图形用户界面等，都是由预编译的 C + +库来控制的。由于 Flexsim 中的对象都是开放的，因此这些对象可以在不同的用户、库和模型之间进行交换，同时结合对象的高度可自定义性，可以大大提高建模的速度。当用户自定义的对象加入库中时，就可以非常方便地在别的模型中使用该对象。由此可见，用户化和可移植性扩展了对象和模型的生命周期。

（2）仿真。Flexsim 中有一个效率非常高的仿真引擎，该引擎可同时运行仿真和模型视窗（可视化），但可以通过关闭模型视窗来加速仿真的运行速度。同时，当仿真运行时，利用该引擎和 flexscript 语言可以改变模型的部分属性。Flexsim 还可以用试验的形式来仿真假定的情节，而且它可以自动运行并把结果存在报告、图表中。这样我们可以非常方便地利用丰富的预定义和自定义的行为指示器，如用处、生产量、研制周期、费用等来分析每一个情节。而且也很容易将结果导入到别的应用程序，如 Microsoft Word 和 Excel 等，利用 ODBC（开放式数据库连接）和 DDEC（动态数据交换连接）可以直接输入仿真数据。

（3）可视化。如果一幅图能够表达上千的文字，那么 Flexsim 的虚拟现实动画以及模型浏览窗口就表达了无限的容量。Flexsim 把所有最新的虚拟现实博弈图形整合在个人计算机上。Flexsim 中有可以直接导入 3DS（3D Studio）、VRML、3D DXF and STL 等类型文件的选项，而其他仿真软件中没有这项功能。Flexsim 内置了虚拟现实浏览窗口，可以让用户添加光源、雾以及虚拟现实立体技术。用户定义的“Fly – Throughs”可以被定义为艺术模型状态显示出来。AVI 文件可以通过 Flexsim 的 AVI 录制器快速生成。任何模型都能被录制、拷贝到 CD，以及发送到任何人的实时查看器中。

3. Flexsim 仿真软件建模步骤

（1）确定仿真目标，拟订问题和研究计划。这一阶段的任务是明确规定物流系统仿真的目的、边界和组成部分，以及衡量仿真结果的目标。

（2）收集和整理数据。仿真中需要输入大量数据，它们的正确性直接影响仿真输出结果的正确性。调研所期望获取的资料一般包括：

结构参数：结构参数是描述物流系统结构的物理或几何参数。例如，物流系统平面布局、设备组成、物品形状和尺寸等静态参数。

工艺参数：工艺参数描述物流系统零件的工艺流程、各流程之间的逻辑关系等。

动态参数：动态参数是描述生产过程中动态变化的一些参数。例如，运输机的加速度和速度、出入物流系统的时间间隔、运输车的装卸时间等。

逻辑参数：逻辑参数描述生产过程中各种流程和作业之间的逻辑关系。

状态变量：状态变量是描述状态变化的量。例如，设备的工作状态闲或忙，缓冲区货物队列是空或满。

输入输出变量：仿真的输入变量分为确定性变量和随机变量。输出变量是根据仿真的目标设定的，仿真目标不同，输出变量也不同。

（3）建立物流系统布局模型。根据系统机构和作业策略，分析各组成部分的状态变量和参数之间的数学逻辑关系，在此基础上建立物流系统布局模型。

（4）建立物流系统仿真模型。根据物流系统布局模型、收集的数据建立仿真模型。仿真模型要求能够真实地反映系统的实际情况。

（5）验证模型。对仿真模型进行进一步的修改完善，如参数的合理化设置，逻辑策略是否正确反映现实系统的本质等。

（6）仿真运行。对所研究的系统进行大量的仿真运行，以获得丰富的仿真输出资料。

（7）分析仿真结果。从系统优化角度考虑问题，分析影响系统的关键因素，提出改善措施。

（8）建立文件，实施决策。把经过验证和考核的仿真模型以及相应的输入、输出资料建立文件供管理决策者付诸实施。

任务二　Flexsim 仿真软件基本操作方法

【知识准备】

一、Flexsim 仿真软件界面介绍

Flexsim6.0 软件主窗口由菜单栏、工具栏、对象库、模型视图区及仿真控制栏五部分构成，具体如图 1—1 所示。

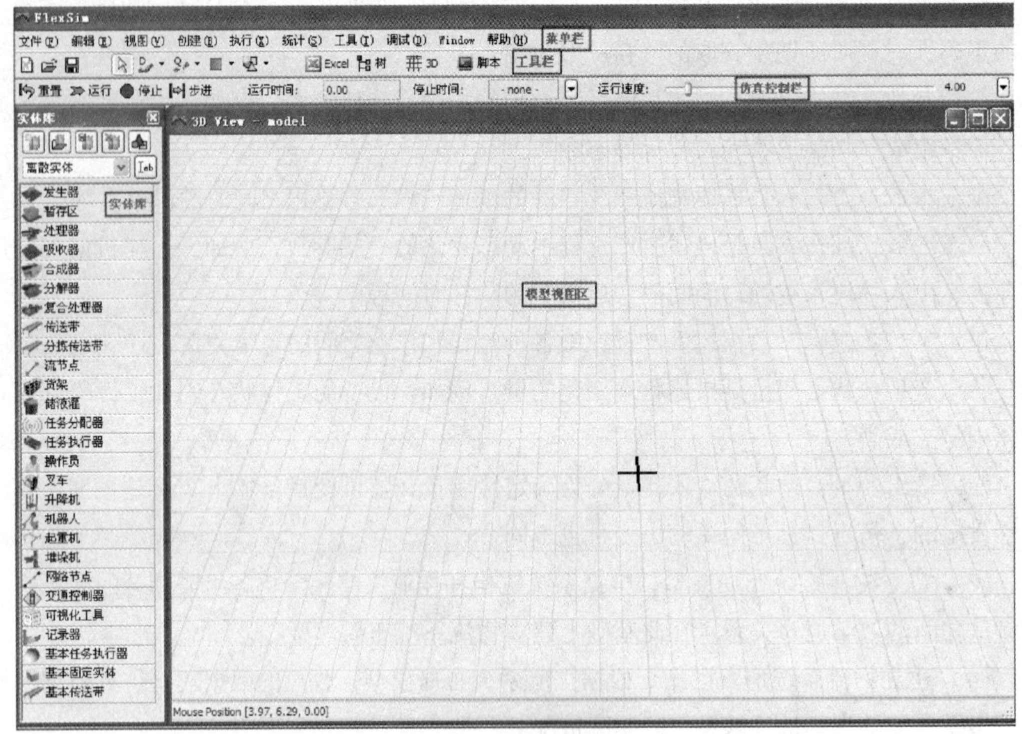

图 1—1　Flexsim 软件操作界面

1. 菜单栏

最上方为菜单栏（见图 1—1），通过菜单栏中的“文件”选项，可以进行建模前的全局设置，包括模型中的字体及颜色设置等基本功能；通过“统计”选项可以生成模型运行结果的统计报告等信息；通过“帮助”选项可查看用户手册，手册中包含了仿真软件相关的所有功能和命令的介绍和说明；其他选项卡在后续仿真中使用时进行详述。

2. 工具栏

菜单栏下面为工具栏（见图 1—1），通过工具栏中的按钮可快速“新建”“打开”或“保存”模型，如图 1—2 所示；并可以快速更改鼠标操作状态，实现快速建模，具体如图 1—3 所示；通过其中的 3D 按钮可将模型视图快速切换到 3D 状态，查看模型效果，如图 1—4 所示；通过其中的快速选中和快速复制按钮可一键选中或复制模型中的实体。

图 1—2　“新建”“打开”“保存”按钮

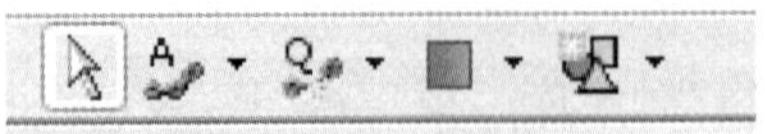

图 1—3　鼠标功能快速切换按钮

图 1—4　3D 按钮

3. 对象库

界面最左边竖直排列部分为对象库（见图 1—1），也可称为实体库，建模所需的各类功能实体从此处拖曳到建模视图区。下面对 Flexsim 的实体家族进行整体介绍。

（1）离散类（Discrete Object）。离散类实体又包括资源类（Fixed Resource）、执行类（Task Executer）、网络类（Node）和图示类（Visual Object）实体。

资源类（Fixed Resource）实体主要包括发生器、暂存区、处理器、吸收器、合成器、分离器、复合处理器、传送带、分拣传送带、流节点、货架、储液罐。

执行类（Task Executer）实体主要包括任务分配器、任务执行器、操作员、叉车、升降机、机器人、起重机、堆垛机。

网络类（Node）实体主要包括网络节点、交通控制器。

图示类（Visual Object）实体主要包括可视化工具、记录器。

（2）连续类（Fluid Object）。连续类实体包括流体储罐、流体发生器、流体吸收器、流体混合器、流体混合管、流体分离管、流体输送管、流体处理器、流体转换器、实体转换器、流体钟。

Flexsim 实体家族树如图 1—5 所示。

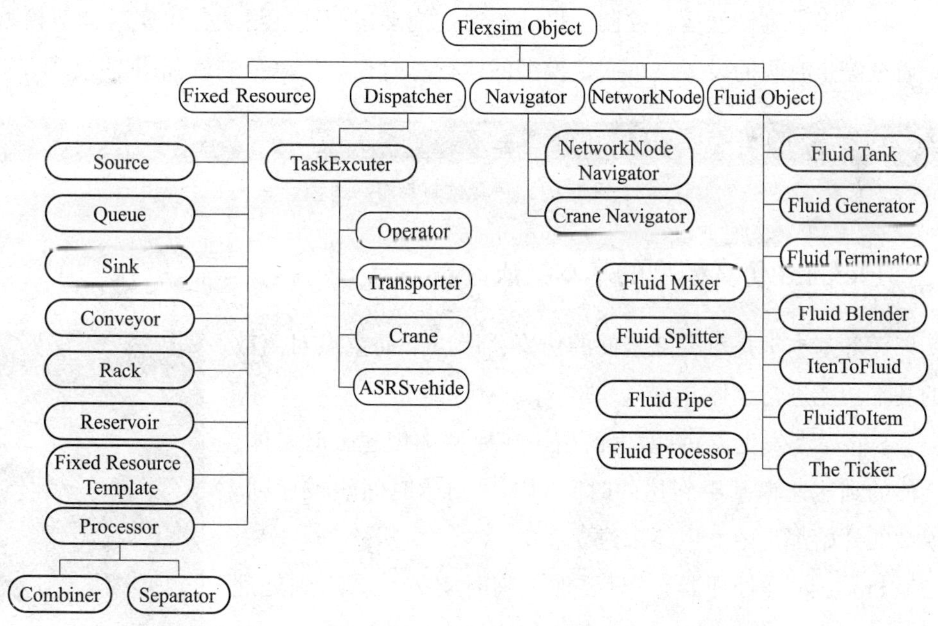

图 1—5　Flexsim 实体家族树

4. 模型视图区

网格空白区为模型视图区（见图 1—1），仿真模型在此区域内构建并运行。将对象库中的实体拖曳到此区域即可进行模型构建，模型视图区的网格线、背景颜色等基本信息都可通过在模型视图空白区单击鼠标右键进行设置，具体如图1—6所示。

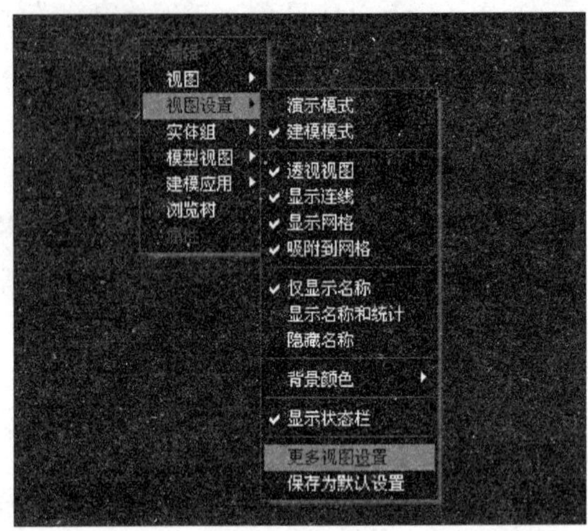

图1—6　模型视图区设置方法图示

5. 仿真控制栏

工具栏下面为仿真控制栏（见图1—1），通过仿真控制栏中的按钮可进行仿真模型的运行、停止、步进等模型运行控制。另外，通过拖动运行速度滑块，可实时调节模型运行速度；通过停止时间的设置，可固定模型的运行总时长。仿真控制栏如图1—7所示。

图1—7　仿真控制栏布局图

二、Flexsim仿真模型的基本组成

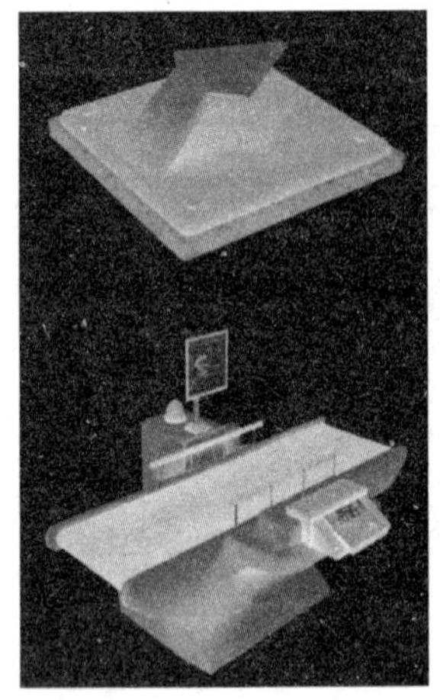

实训任务基本都是对离散事件的仿真，所以下面重点对离散实体的基本功能进行整体介绍。

（1）Source（发生器）。发生器用于在模型中创建临时实体。临时实体的到达速率基于到达的时间间隔、到达时间表或序列。所有模型的开始都是由发生器来建立。

（2）Processor（处理器）。只要加工临时实体就会用到处理器。

处理器可以代表任何类型的机器、加工站或是挂号处等任何消耗时间进行作业的岗位。

临时实体在处理器停留的时间必须涵盖预置时间、加工时间和阻塞时间。停留时间有时也包含等待操作、叉车和维修处理器的时间（如果发生故障）。

（3）Sink（吸收器）。吸收器是临时实体离开模型的出口。

临时实体只能通过吸收器“离开”。

吸收器的进入触发器是记录数据的最后一个地方。

（4）Queue（暂存区）。暂存区用于堆放临时实体等待进入下游工站，凡是两个工站间有在制品（WIP）的地方都会用到暂存区。暂存区可能会是原料暂存区、队列，或者银行、医院等的等待区。

（5）Conveyor（传送带）。传送带负责完成实体的传送，传送带的形状可根据作业现场的不同，形成不同的形状，如旋转、上升、下降及弯曲等。

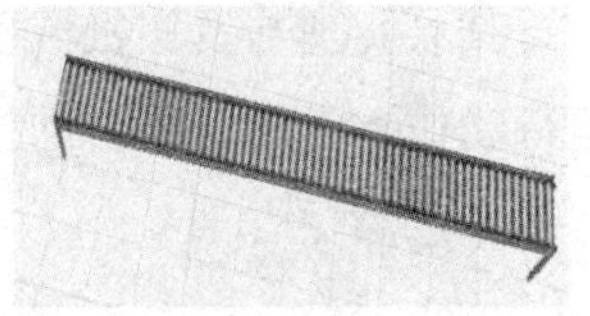

（6）Dispatcher（分配器）。当某一资源（处理器、传送带等）需要调用的移动资源（人员、叉车、机械手等）超过两个时，就需要通过分配器进行统一调度，相当于装卸搬运队队长的角色。

（7）Recorder（记录器）。记录器为实时记录及显示模型中各实体状态的模块。例如，操作人员的忙闲状态，处理器的利用率，暂存区的队长等。

（8）Rack（货架）。货架为存储货物使用，可作为传统货架由人或叉车存取货物，也可以与 ASRSvehicle（巷道堆垛机）一起建立自动化立体仓库模型。

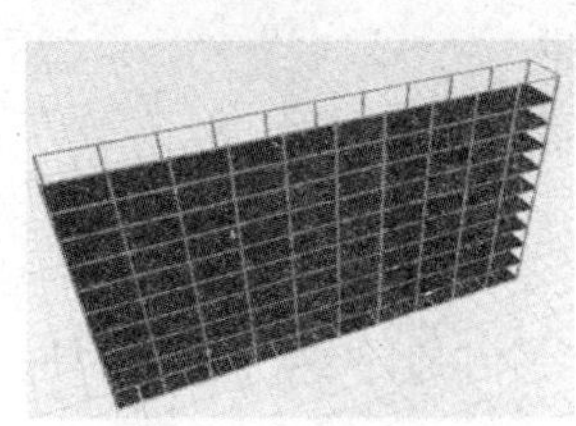

(9) ASRS vehicle（巷道堆垛机）。巷道堆垛机为自动化立体仓库内部的专用设备，其应用模式目前主要是与货架（Rack）一起使用，组成自动化立体仓库的存取系统。

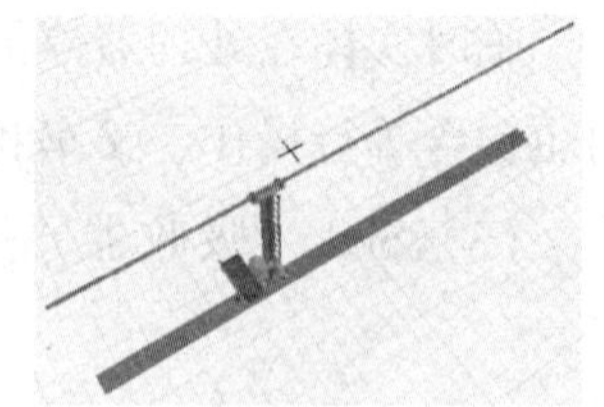

(10) Visualtool（可视化工具）。可视化工具为 Flexsim 软件中的装饰及显示用模块，其可用于搭建简易建筑，也可用于标示仿真模型中的区域及模块名称，还可用于实时显示模型中某功能区的单位时间产出。

(11) Robot（机械手）。机械手用于在模型中进行流动实体的搬运。

其可实现与真实机械手相同的在三维空间都具有自由度的运行动作，实现对物料的抓取，与网络节点结合使用可实现其移动作业。

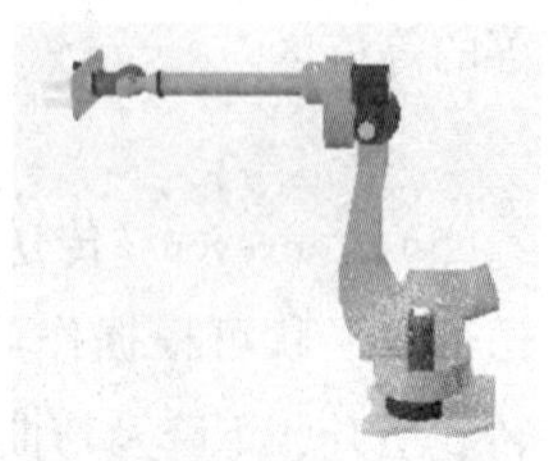

(12) Combiner（合成器）。合成器用于将货物与装载的载体相结合。例如，将箱子码放到托盘上等操作，被装载物和载体分别从其左边的两个入口进入，结合后从右边大的出口出来。

(13) Separator（分解器）。分解器用于将货物与装载的载体相分离。例如，将货物从托盘上卸下来，将商品从包装箱中取出等，被装载物和载体分别从其右边的两个出口出来，上方出口为载体出口，如托盘、包装箱等，下方出口为货物出口。

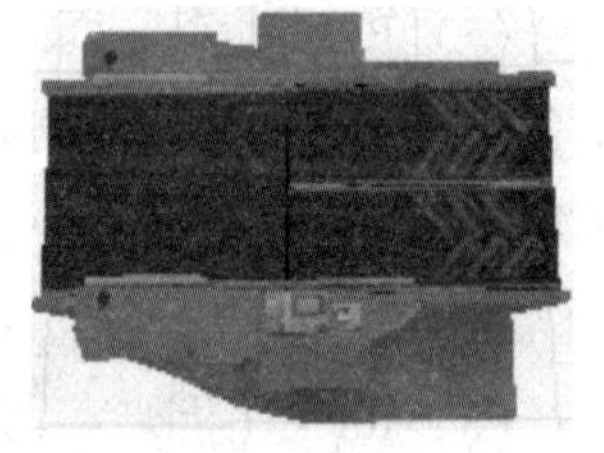

(14) TaskExcutor（任务执行器）。任务执行器主要作为 AGV 小车使用，即自动导引小车，可实现无人驾驶的情况下自动在存取点之间运行，一般用于自动化装卸搬运系统。

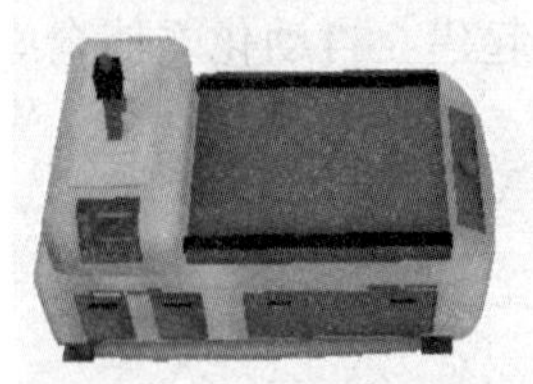

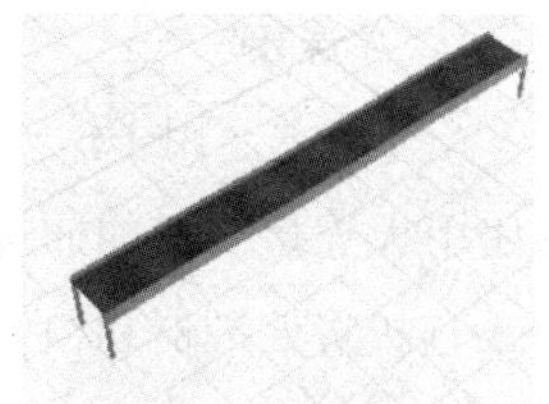

（15）Mergesort（分拣传送带）。分拣传送带主要用于仓库或配送中心内的分拣作业，通过设置，可在一条传送带上设定若干个分拣口，并可设置分拣传送带的形状，如上升、弯曲等形状。

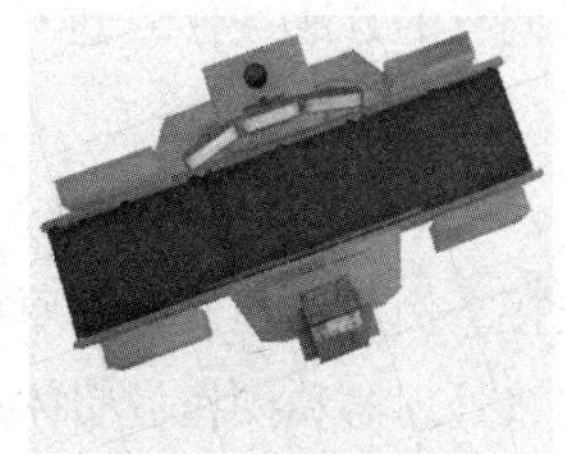

（16）MultiProcessor（复合处理器）。复合处理器主要用于对临时实体的加工。复合处理器与处理器一样，可以代表任何类型的机器、加工站或是挂号处等任何消耗时间进行作业的岗位，而且一个实体可以模拟同一工位的多阶段工作。临时实体在复合处理器停留的时间必须涵盖预置时间、加工时间和阻塞时间。

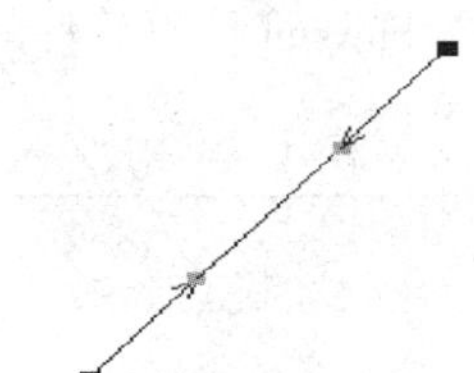

（17）NetworkNode（网络节点）。网络节点主要用于设置行走路径。通过设置，可定义如叉车、操作员、AGV 及机械手等任务执行器的行走路径，可定义该路径是双向通行还是单向通行，还可规定线路长度及宽度等信息。

（18）Elevator（升降机）。升降机主要用于在楼层式仓库中的楼层间进行货物的升降传送，同时还可定义将货物装载到电梯及从电梯卸下需要的作业时间。

（19）Operator（操作员）。操作员在模型中可以模拟人在实际系统中进行的各种操作，如操作设备、搬运货物等作业。在操作员的设置中可设置操作员执行各项作业的时间，实现模拟作业人员的真实化。

三、Flexsim 连接及端口

Flexsim 模型中的对象之间是通过端口来连接的，有输入端口、输出端口及中心端口三种类型，不同端口的逻辑连接方式不同，主要有 A 连接及 S 连接两种方式。

1．A 连接

A 连接主要用于输入端口与输出端口之间的相互连接，在资源类实体对象之间的连接都使用 A 连接。例如通过处理器加工的原材料变成成品要送到检验台进行检验，就需要通过 A 连接将处理器和检验台两个固定资源类实体进行逻辑连接。具体操作方法是按住键盘上的 A 字母键，用鼠标将两个实体按照货物流动方向进行连接，如果 A 连接错误，可通过同样的方法按住 Q 进行再次连接，以取消上次的错误连接。

2．S 连接

S 连接主要用于中心端口之间的连接，当固定资源类实体对象调用执行类对象时用 S 连接。例如处理器在对原材料进行加工时需要使用一名操作员操作机器，就需要通过 S 连接将处理器和操作员实体进行逻辑连接。具体操作方法是按住键盘上的 S 字母键，用鼠标将两个实体按照货物流动方向进行连接，如果 S 连接错误，可通过同样的方法按住 W 进行再次连接，以取消上次的错误连接。

Flexsim 仿真软件的键盘键位使用方法见表 1—1。

表 1—1　　Flexsim 仿真软件键盘键位使用说明

	输出—输入端口	中间端口
连接	A	S
断开	Q	W

四、Flexsim 建模方法集

1．到达方法（Arrival Method）

到达方法决定临时实体进入模型的方式和时间，可定义临时实体，如入库货物、待加工原材料或待检验产品等到达的方式和时间。如每隔 10 s 到达生产线一批原材料，或待入库货物按照随机的时间间隔方式被送至仓库执行入库作业。

2．触发器方法（Trigger Method）

每类资源对象都有自己的一套触发器，当资源对象上发生重要事件时，触发器被触发，主要用于分配临时实体和实体在什么时间、什么地点发生什么事件。用户根据模型需求指定当触发发生时产生的一系列动作，可以定义的触发器主要包括：当实体被生成时产生的触发动作，当实体进入或离开固定资源时触发的动作，当处理过程完成时触发的动作等等。

3．临时实体流方法（Flow Method）

临时实体流方法决定临时实体在模型中流动的方式、地点和时间，无论对象在模型布局中处于什么位置，实体从一个对象被传递到下一个对象都无须消耗任何时间。例如，从暂存区送至存储区，模型默认临时实体被瞬间送达，不消耗时间。添加输送机或移动资源用于运输，可以使实体流产生时间延迟，输送时间取决于输送机的长度和速度，对象间的运送时间取决于对象间的距离，以及移动资源的速度、加速度和减速度等参数设置情况。

4．临时实体箱方法（FlowItem Bin Method）

该方法定义临时实体的属性。例如，在传统高层货架中货物以托盘形式存储，就需要让临时实体箱产生托盘实体；在银行排队模型仿真过程中需要产生顾客实体，就需要让临时实体箱产生人；在以箱式存储为主的货架的出入库仿真模型中，就需要临时实体箱产生整箱包装的货物实体。

5．任务执行器移动方法（TaskExecuter Move Method）

它决定临时实体从一个实体到另一个实体使用的搬运工具和搬运方式，在模型中如果不使用任务执行器就默认临时实体的移动是瞬间完成的，不需要耗费时间。任务执行器在固定资源类实体之间的作用是非常明显的。例如，作业员将货物从货架中拣选出来并送到发货区，生产线作业人员将原材料从仓库中取出来并送到生产线上，叉车将待入库货物送至高层货架上等，都是通过任务执行器完成的作业。

【实训目的】

1．熟悉 Flexsim 的安装与启动。

2．熟悉 Flexsim 用户界面；熟悉 Flexsim 建模元素。

3．熟悉 Flexsim 建模与仿真过程。

【实训背景】

初学物流仿真软件，应首先对 Flexsim 仿真软件的基本操作、界面构成以及可应用的领域进行全面了解，为后期模型构建的学习奠定基础。

【实训内容】

1．了解 Flexsim 的硬件和软件必备环境。

2．启动 Flexsim。

3．熟悉标题栏、菜单栏、工具栏、元素选择窗口、状态栏、控制栏以及系统布局区。

4．学习建模与仿真过程。

【思考练习】

结合 Flexsim 中的各类实体类型，分组讨论 Flexsim 仿真软件都能用于哪些实际系统的仿真，而不局限于物流系统。

【实训评估】

学生独立操作打开 Flexsim 仿真软件，进入建模界面，并能详述每一个功能区的主要功能，为后期建模学习奠定基础。

项目二

仓储作业系统仿真

任务一　单件货物人工入库作业仿真

【知识准备】

入库作业的基本流程如下：

1．制订入库作业计划

入库作业计划主要包括：了解货物入库的时间、数量、包装形式、规格；计划货物所需占用的仓容大小；预测车辆到达的时间和送货车型；为了方便装卸搬运，计划车辆的停放位置；计划货物的临时存放地点；确定入库作业的相关部门。

2．入库准备

包括：信息准备、场地准备、设备准备、人员准备、货位准备、作业工艺设定、单证准备、苫垫准备。

3．货物接运

入库作业的第一道程序，主要任务是及时而准确地向交通运输部门提取入库货物，要求手续清楚、责任分明。

4．审核单据

核对入库凭证，然后核查供货单位提供的发票、产地证明书、质量合格证书、装箱单、磅码单等，最后核查承运部门的运单。若有货损，还需索取货运记录或普通记录。需要注意的是单据的合法性、真实性、有效性以及相符性。

5．初步验收

初步验收主要有两个方面：数量验收，数量验收是指大数验收，只是清点货物大包装的数量是否与单证相符；包装检验，检查外包装是否存在异常，若有异常必须做好记录。

6. 货物交接

交接双方：收货人与送货人。收货人以送货单为依据，接收货物、单据以及随货同行的相应证明文件，最后双方在送货单、交接清单上签字和批注并留存凭证。

7. 货物验收

在办理货物交接手续后，在正式入库之前还需要对货物进行验收，此时需要注意的是验收时间和效率，若验收发现问题要填写验收报告。

8. 办理入库手续

包括：信息录入、建立货物明细卡、货物登账、建立仓库工作档案、签单。

9. 分配货位

根据货物的性质和仓库内货位分配原则为货物安排合适的存放位置。

【实训目的】

1. 了解单件货物人工入库作业系统的基本构成。
2. 了解单件货物人工入库作业的基本流程。
3. 掌握 Flexsim 仿真软件在人工入库作业系统仿真方面的应用方法。

【实训背景】

某生产制造企业以制造小型电子设备为主，其零部件存储形式以小型货架为主。现该公司从各供应商处订购了四种原材料，供应商以单件散货的形式在不同时间送达该公司库房入库口，公司安排两名库房工作人员负责原材料的检验和接收工作。

【实训内容】

该公司采购的四种原材料入库作业流程如图 2—1 所示。各供应商将送达的载有四种原材料（A、B、C、D）的货车停靠在该公司仓库入货口进行卸货，原材料 A、B 卸到入库暂存区 1，由操作员 1 在检验台 1 上进行逐个检验，检验合格的原材料送至对应的原材料存储区；原材料 C、D 卸到入库暂存区 2，由操作员 2 在检验台 2 上进行逐个检验，检验合格后送至对应的原材料存储区。

（1）代表仓库入货口的发生器产生四种不同类型和颜色的临时实体，代表四种原材料，按照规定的时间送达规定的数量，类型值分别为 1、2、3、4，系统随机设置四种不同颜色。

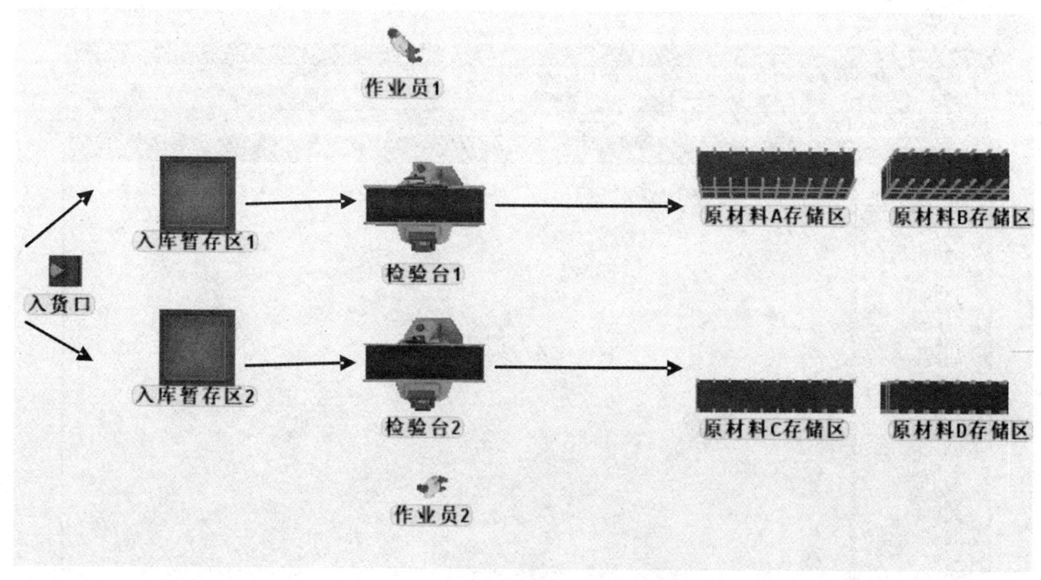

图 2—1 人工入库作业系统流程图

（2）类型 1、2 的临时实体送至入库暂存区 1，经检验台 1 检验后将类型 1 送至 A 存储区，类型 2 送至 B 存储区；类型 3、4 的临时实体送至入库暂存区 2，经检验台 2 检验后将类型 3 送至 C 存储区，类型 4 送至 D 存储区。

（3）货架要求 5 行 10 列，可存储 50 个原材料，行高和列宽分别为 0. 8。

（4）检验台 1 检验一个原材料需要的时间是 15 s，检验台 2 检验一个原材料需要的时间是 12 s。检验前，检验台 1、2 都需要 5 s 的准备时间，分别需要操作员 1、2 进行检验。

（5）关于送达货物类型的设置，主要是入货口设置为每隔 1 500 s 送达两种原材料，数量均为 50 个。

（6）添加两个统计工具，分别实时统计操作员 1、2 的工作忙闲率。

【实训步骤】

◇ 第一阶段　拖放实体

步骤 1：拖放实体

从实体库里拖出一个发生器放到模型视图区，方法是鼠标左键按住实体库中的发生器，拖动放到 3Dview 区，实体拖放效果如图 2—2 所示。

步骤 2：拖放其余实体

把其余的实体拖到模型视图区中，实体拖放完整效果如图 2—3 所示。

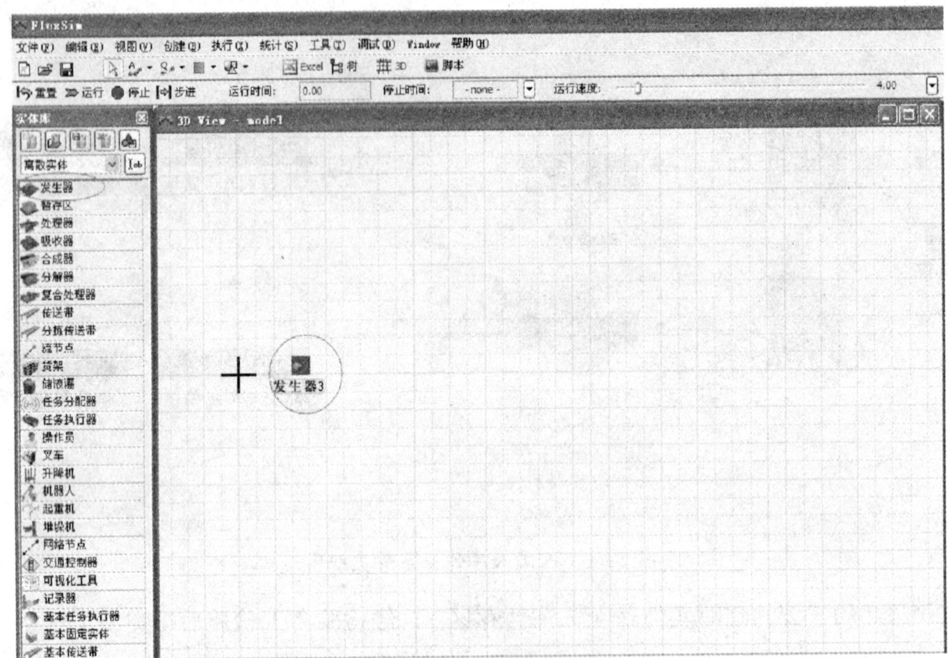

图 2—2　实体拖放效果图

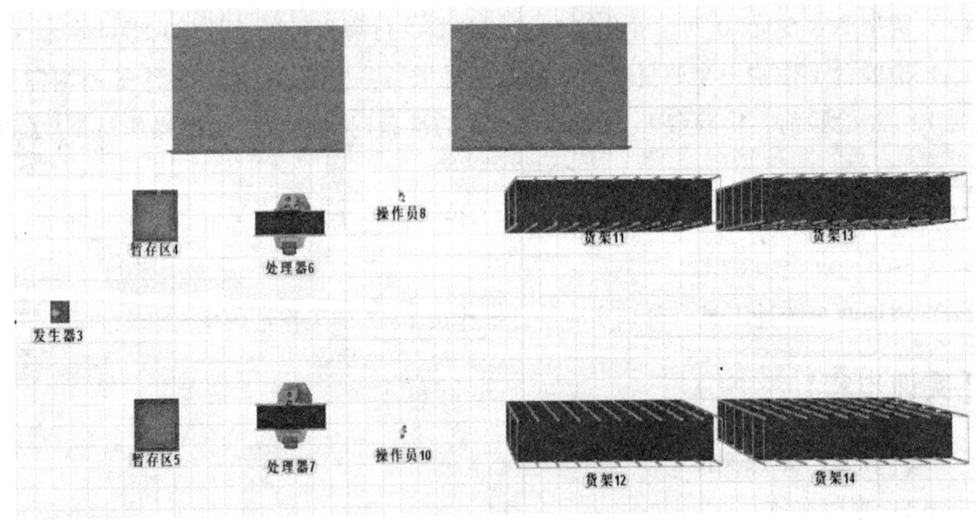

图 2—3　实体拖放完整效果图

步骤 3：实体名称修改

对每个实体按照实际系统中的功能修改名称，修改完成效果如图 2—4 所示。

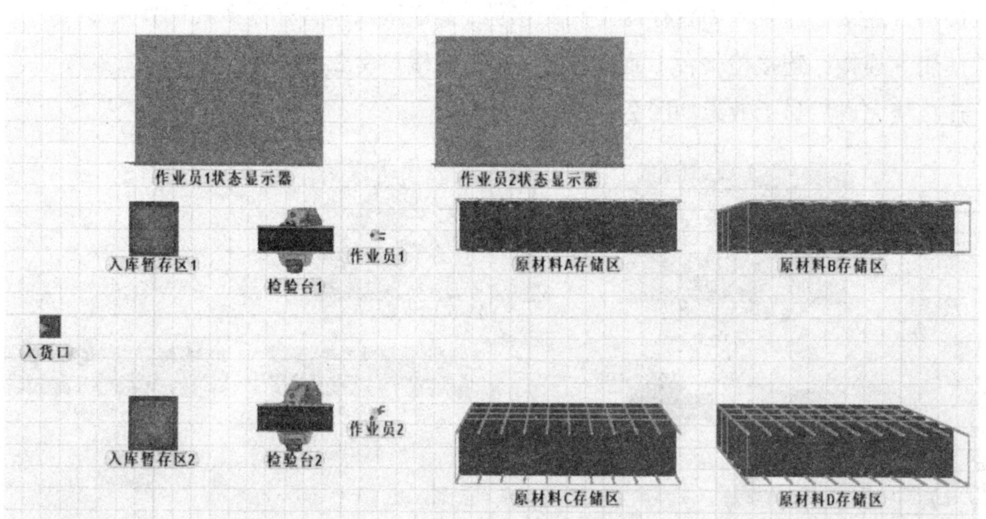

图 2—4　实体名称修改完成效果图

◇ 第二阶段　逻辑连线

步骤 4：连接端口

根据临时实体的路径连接端口。连接方法是：按住“A”键，然后用鼠标左键点击起始位置实体并拖曳到送达位置实体，再释放鼠标键，拖曳时可看到一条黄线，释放后逻辑连接线变为黑线，显示效果如图 2—5（左）所示，按住“S”键，然后用鼠标左键点击起始位置实体并拖曳到送达位置实体，再释放鼠标键，拖曳时可看到一条黄线，释放后逻辑连接线变为黑线，显示效果如图 2—5（右）所示。

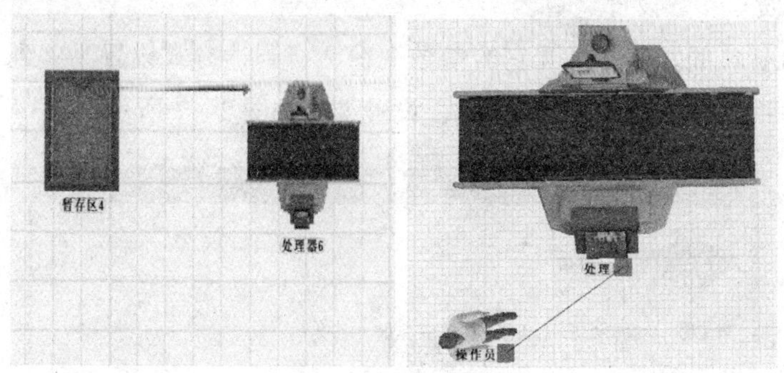

图 2—5　逻辑连线效果图

使用 A 连接，连接入货口分别到入库暂存区 1 和入库暂存区 2；

使用 A 连接，连接入库暂存区 1、2 分别到检验台 1 和检验台 2；

使用 A 连接，连接检验台 1 分别到货架 A 和货架 B；

使用 A 连接，连接检验台 2 分别到货架 C 和货架 D；

使用S连接，连接入库暂存区1到操作员1，连接入库暂存区2到操作员2；

使用S连接，连接检验台1到操作员1，连接检验台2到操作员2。

连接线完成后显示效果如图2—6所示。

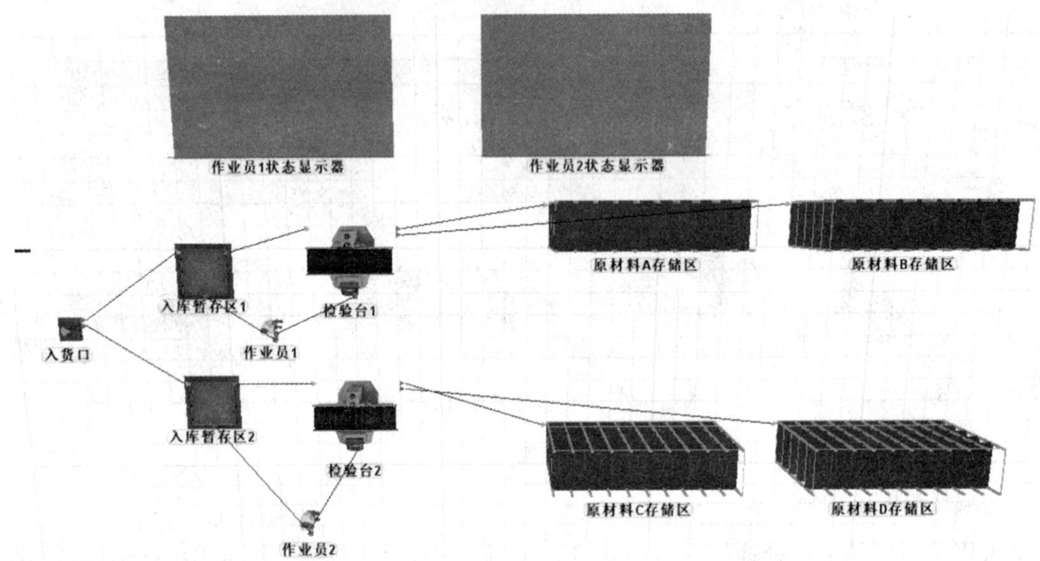

图2—6　完成连线效果图

◇ **第三阶段　参数设置**

每个实体都有其特有的图形用户界面（GUI），通过此界面可将数据与逻辑加入模型中。双击实体可打开叫作参数视窗的GUI。

步骤5：入货口参数设置

双击代表入货口的发生器打开它的参数视窗，将到达方式设置为“到达时间表”，到达次数设置为4次，并点击“刷新到达”，设置结果如图2—7所示。

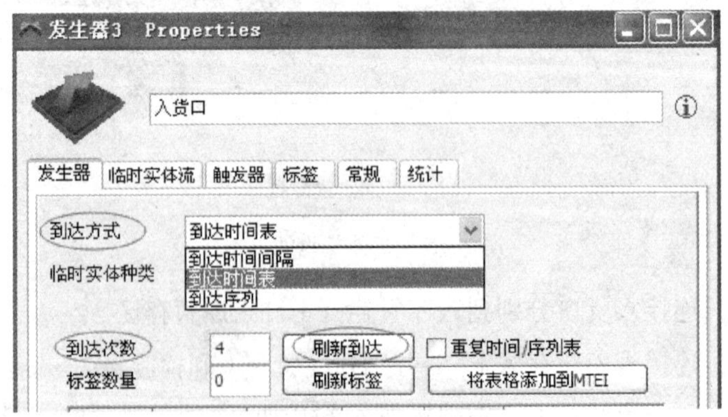

图2—7　入货口参数设置示意图

在刷新到达之后，参数设置界面出现四行表格（见图2—8），在表格中填写如下信息：将原材料名称ItemName按照A、C、B、D的顺序依次填入表格，将原材料类型ItemType按照1、3、2、4的顺序填入表格，用来在模型中区分四种原材料；将原材料的到达时间ArrivalTime按照第0 s、0 s、1 500 s、1 500 s的顺序设置，到达数量Quantity统一设置为50个，代表每种原材料均入库50个，设置结果如图2—8所示。

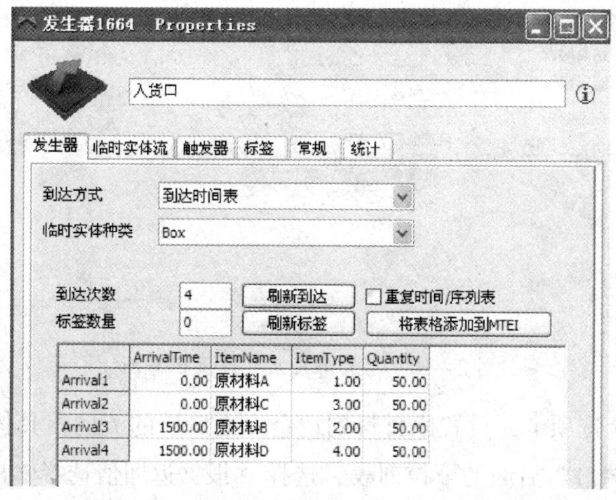

图2—8 入货口到达时间表设置效果图

对入货口触发器进行设置。点击离开触发后的加号，在出现的下拉列表中选择“设置颜色”，表示将模型中产生的四种不同类型的原材料设置为不同的颜色，如图2—9（左）所示；颜色设置后需要根据实际情况设置原材料尺寸，操作方法是点击离开触发中设置颜色下面的加号，在下拉列表中点击“设置位置、旋转或尺寸”，具体如图2—9（右）所示。

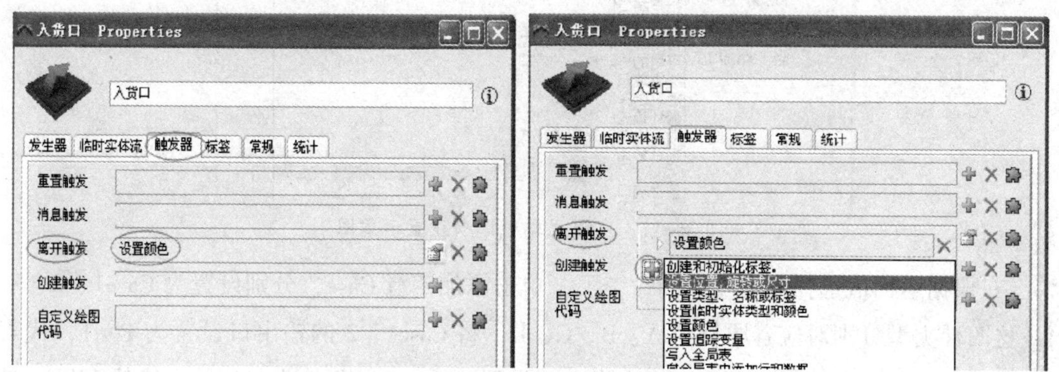

图2—9 入货口触发器设置示意图

在出现的界面中更改“设置”后面的选项为“尺寸”，并将原材料的长、宽、高均设置为0.5，设置结果如图2—10所示。

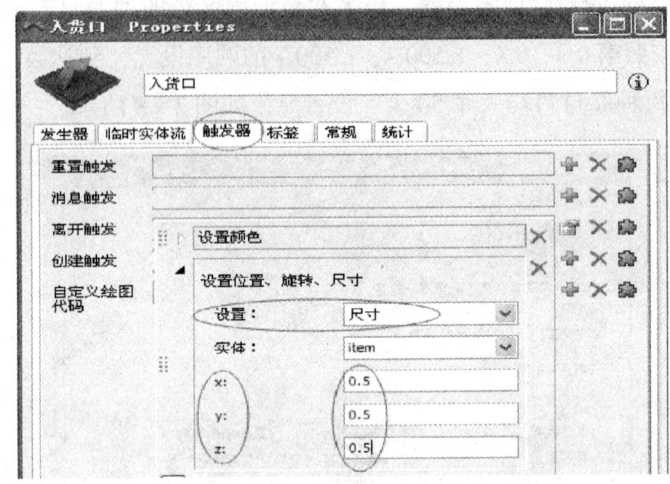

图2—10　离开触发尺寸设置示意图

点击临时实体流选项卡，设置原材料到达仓库入口后的流向，具体操作如图2—11所示。点击“发送至端口”后面的下拉列表，选择“根据返回值选择输出端口”。

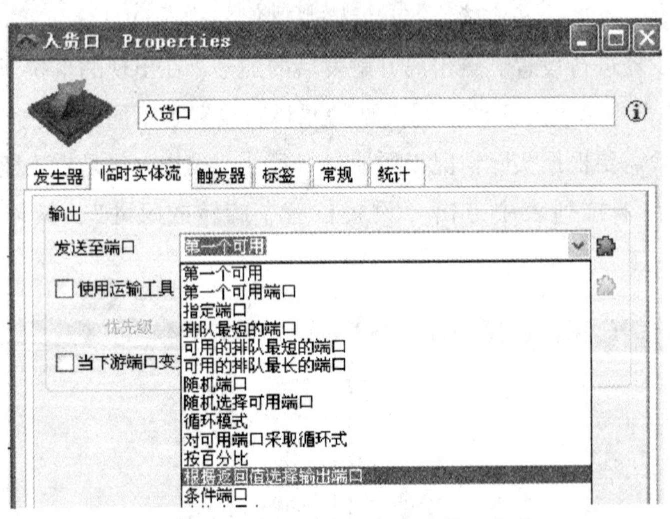

图2—11　发送至端口选项设置示意图

在根据返回值选择输出端口的命令下，单击添加四行Case，分别设置为Case1、2、3、4，这四种类型分别对应着原材料A、B、C、D，将Case1、2的输出口设置为Port1，代表进入1号入库暂存区，将Case3、4的输出口设置为Port2，代表进入2号入库暂存区，具体设置如图2—12所示。

图 2—12　发送方向设置示意图

步骤 6：入库暂存区参数设置

对入库暂存区 1 和入库暂存区 2 进行设置。主要参数按照系统默认设置。在货物到达入库暂存区后，需要操作员将货物搬运到检验台进行检验。具体调用操作员的方法是：双击“入库暂存区 1”，点击“临时实体流”选项卡，勾选“使用运输工具”选项，完成调用搬运工设置，入库暂存区 2 按照相同设置方法进行设置，设置结果如图 2—13 所示。

图 2—13　使用运输工具设置示意图

步骤 7：检验台参数设置

双击“检验台 1”，设置检验台 1 的处理器选项卡，将预置时间设置为 5，表示在进行原材料检验之前需要有 5 s 的准备时间；设置加工时间为 15 s，并勾选“使用操作员进行加工”选项，默认使用将原材料搬到此检验台上的操作员进行检验，具体如图 2—14 所示。

图 2—14　检验台 1 处理器选项卡设置示意图

设置检验台 1 检验后的原材料流向。单击临时实体流选项卡，设置发送至端口的选项为“指定端口”，表示按照原材料的类型选择出口，A 原材料从 1 号出口出，B 原材料从 2 号出口出，勾选“使用运输工具”选项，表示当检验台检验完毕后，由操作员将其搬运到仓库中，具体如图 2—15 所示。

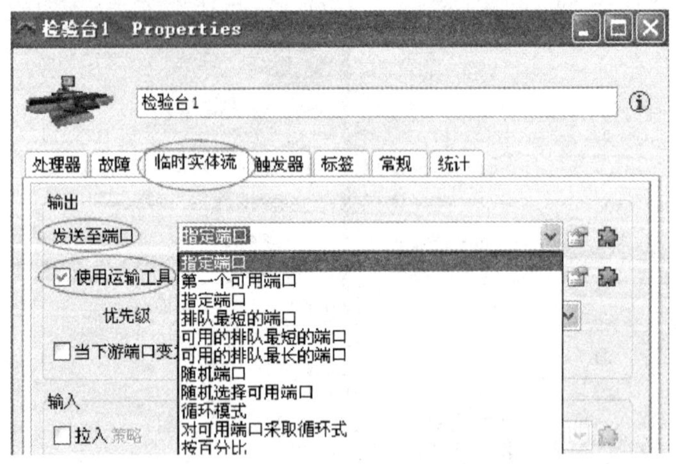

图 2—15　检验台 1 临时实体流选项卡设置示意图

双击“检验台 2”，设置检验台 2 的处理器选项卡，将预置时间设置为 5，表示在进行原材料检验之前需要有 5 s 的准备时间；设置加工时间为 12 s，并勾选“使用操作员进行加工”选项，默认使用将原材料搬到此检验台上的操作员进行检验，具体如图 2—16 所示。

图 2—16　检验台 2 处理器选项卡设置示意图

设置检验台 2 检验后的原材料流向。单击临时实体流选项卡，设置发送至端口的选项为“根据返回值选择输出端口”，表示按照原材料的类型选择出口，C 原材料在系统中类型值为 3，从 1 号出口出，D 原材料类型值为 4，从 2 号出口出，勾选“使用运输工具”选项，表示当检验台检验完毕后，由操作员将其搬运到仓库中，具体如图 2—17 所示。

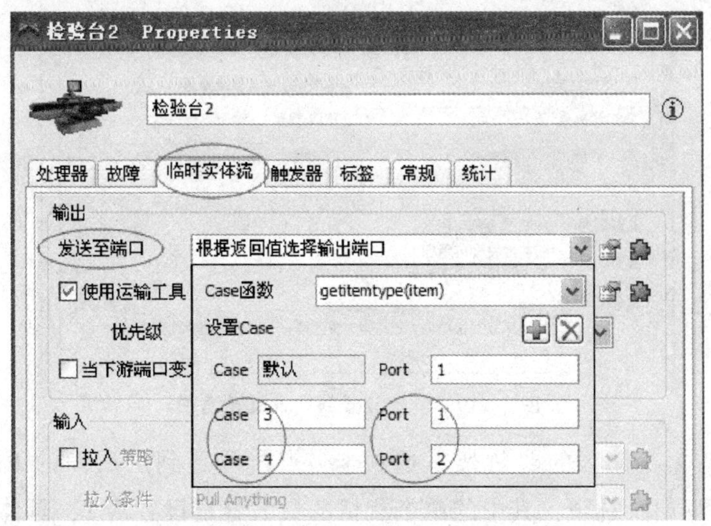

图 2—17　检验台 2 临时实体流选项卡设置示意图

步骤 8：原材料存储区参数设置

原材料存储区包含了四个货架，分别存储 A、B、C、D 四种原材料，对原材料 A 存储区进行设置，其他三个存储区的设置与 A 存储区完全一致。

双击“原材料 A 存储区”，尺寸表格区列数和层数分别设置为 10 列 5 层，列宽和层高均设置为 0.8，用于存放长、宽、高均为 0.5 的原材料，设置完成后要左键单击“应用基本设置”进行数据的保存，设置结果如图 2—18 所示。

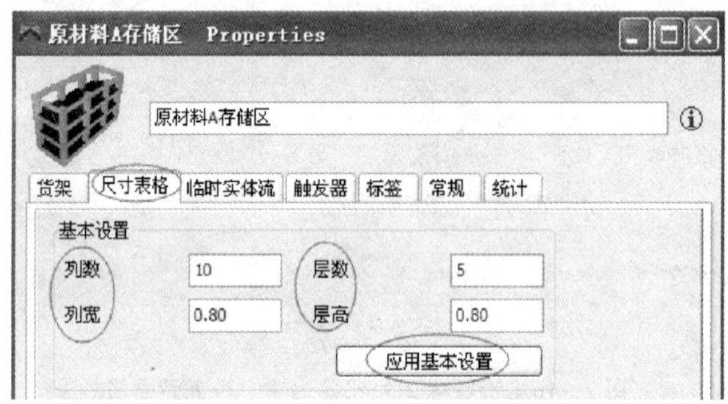

图 2—18　货架尺寸表格设置示意图

设置原材料 A 存储区的“货架”选项卡，点击放置到列后面的下拉菜单，选择“随机放置到可用列”选项，其中的单个货格的最大容量设置为 1，具体如图 2—19 所示。

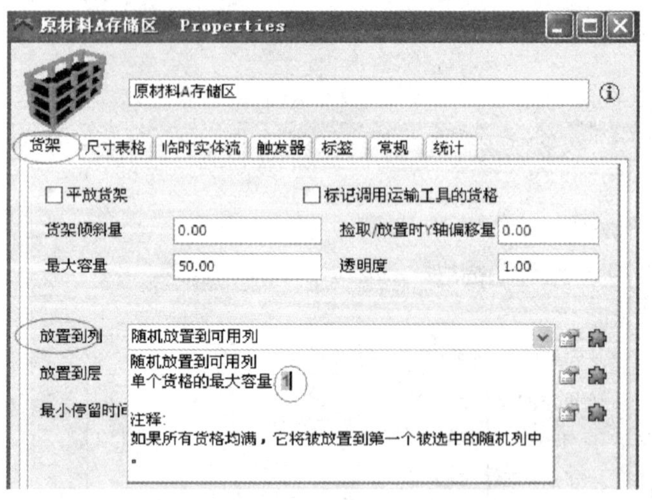

图 2—19　货物放置到列设置示意图

设置原材料 A 存储区的“货架”选项卡，点击放置到层后面的下拉菜单，选择“随机放置到可用层”选项，其中的单个货格的最大容量设置为 1，具体如图 2—20 所示。

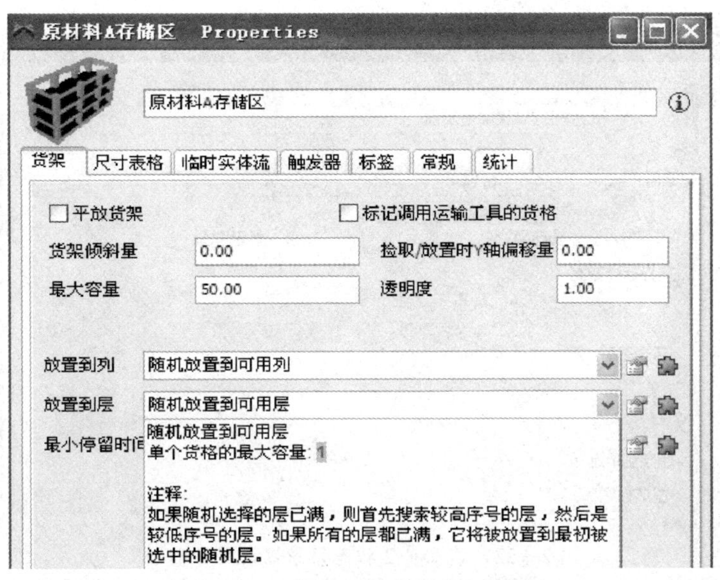

图 2—20 货物放置到层设置示意图

步骤 9：操作员状态统计器参数设置

操作员状态统计器可对操作员的忙闲状态进行实时统计，每个实体使用一个统计工具进行统计，对作业员 1 状态显示器进行设置，以饼状图的状态显示作业员 1 的作业忙闲状态。双击“作业员 1 状态显示器”，将数据类型设置为“标准数据”，实体名称选择“作业员 1”，捕捉数据选择“状态”，确定设置情况，具体如图 2—21 所示。

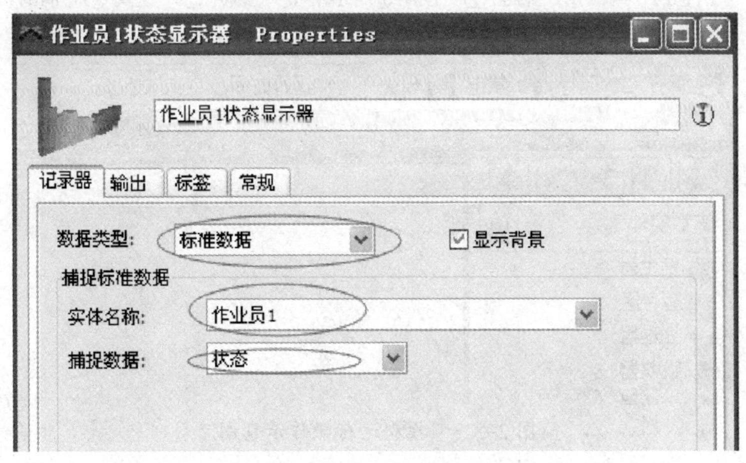

图 2—21 作业员 1 状态记录器设置示意图

作业员 2 状态显示器的设置情况基本与作业员 1 相同，只是统计对象不同，设置完成后显示效果如图 2—22 所示。

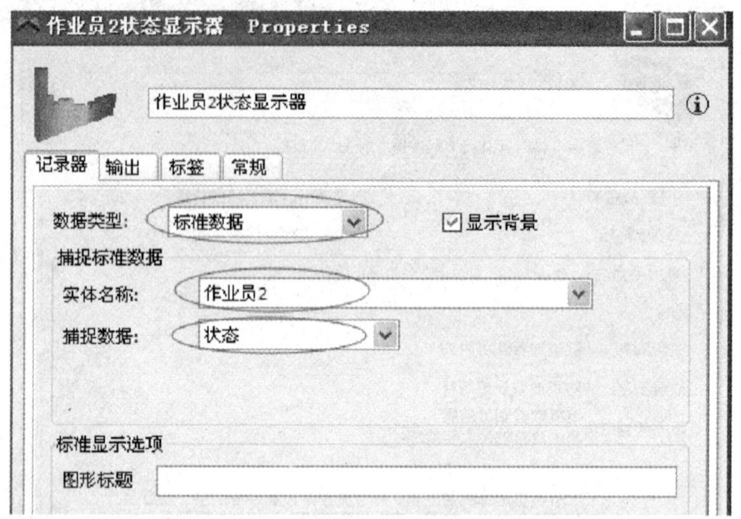

图 2—22 作业员 2 状态记录器设置示意图

◇ 第四阶段 模型运行

经过以上过程的模型整体设置，可通过对模型重置后进行运行，操作方法是：单击仿真控制栏中的“重置”按钮，对设置好的模型重置后点击“运行”，观看仿真效果。操作方法如图 2—23 所示。

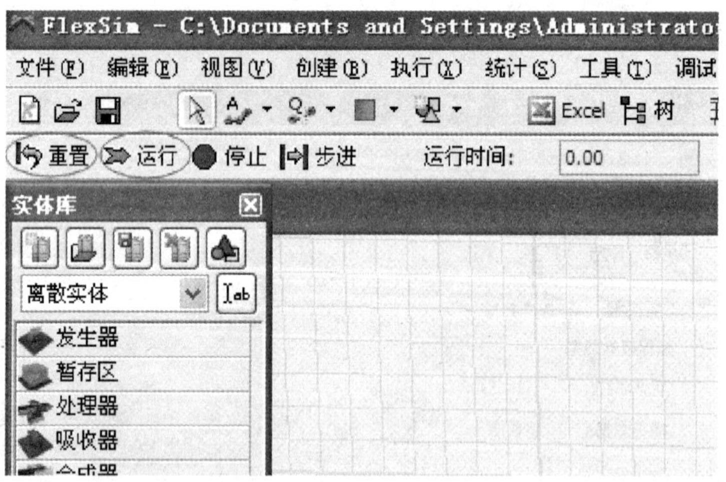

图 2—23 模型运行操作示意图

模型仿真最终效果如图 2—24 所示。

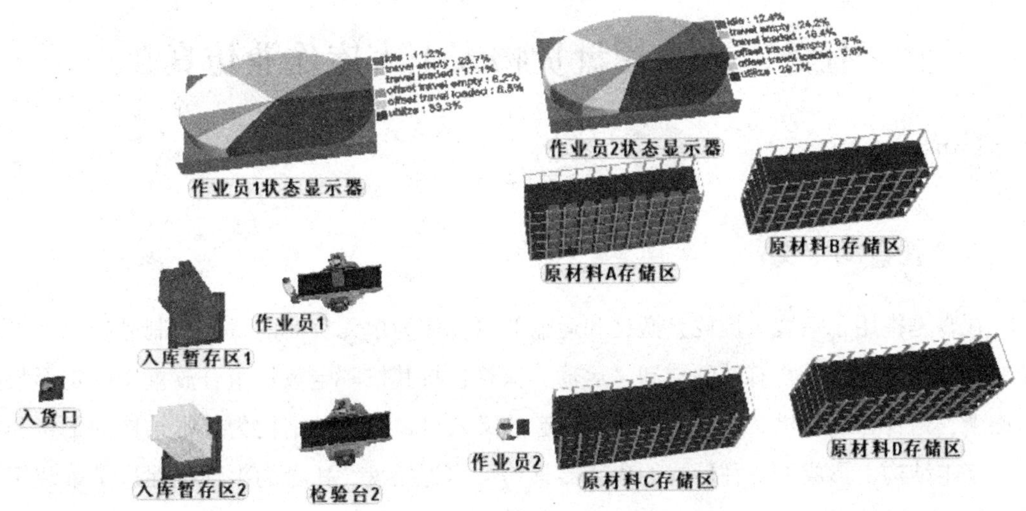

图 2—24　最终运行效果图

【思考练习】

1. 重新启动 Flexsim 仿真软件，独立完整地完成上述模型。

2. 分析该入库作业系统的入库作业能力。

3. 根据模型演示效果，思考该模型对应的企业收货入库流程是否合理；如果不合理，分析存在哪些问题，试提出改进方案。

【实训评估】

实训报告撰写要求：根据本任务的实训内容，完成一篇针对该入库作业系统仿真模型的实训报告，对该系统作业流程进行说明，并对模型运行过程进行分析，说明该作业系统存在的优势或问题，并说明原因或解决方案，字数不限。

单件货物人工入库作业仿真实训考核表			
考核项目	分值	最终成绩	被考核人
出勤情况	30 分		
实训报告	50 分		
课堂表现情况	20 分		
合计	100 分		

任务二　整托盘货物人工入库作业仿真

【知识准备】

一、托盘的定义

托盘是指用于集装、堆放、搬运和运输的放置作为单元负荷的货物和制品的水平平台装置。托盘是为了货物有效的装卸、运输、保管，将其按一定数量组合放置于一定形状的台面上，这种台面有供叉车插入并将其托起的叉入口。以这种结构为基本结构的平台和在这种基本结构上形成的各种形式的集装器具均可称为托盘。托盘的出现也促进了集装箱和其他集装方式的形成和发展。托盘已成为和集装箱一样重要的集装方式，形成了集装系统的两大支柱。

随着叉车的出现，托盘成为在工业领域广泛应用的单元化器具。为提高出入库效率和仓库利用率，实现储存作业的机械化，采取货物带托盘的存储方法，可以消除转载时码盘拆盘的繁重体力劳动，逐渐实现了托盘流通与联营，达到托盘装卸—托盘搬运—托盘储存—托盘售货的一贯化托盘物流。

二、托盘的种类

1. 平托盘

平托盘是指在承载面和支撑面间夹以纵梁，构成可集装物料，可使用叉车或搬运车等进行作业的货盘。平托盘由双层板或单层板另加底脚支撑构成，无上层装置，平托盘有以下几种分类方式：

（1）按叉车叉入方式分为单向叉入型、双向叉入型、四向叉入型三种。

（2）按承运货物台面分成单面形、单面使用形和双面使用形、翼形四种。

（3）按材料分为木制品托盘、钢制托盘、铝合金托盘、胶合板托盘、塑料托盘、纸板托盘、复合材料托盘等。

2. 箱式托盘

箱式托盘指在托盘上面带有箱式容器的托盘。

箱式托盘的面上具有上层结构，其四周至少有三个侧面固定，一个侧面是可拆叠的垂直面。箱式结构可有盖或无盖，有盖的板壁箱式托盘与小型集装箱无严格区别，适用于装载贵重货物。无盖的板壁箱式托盘适于企业内装载各种零件、元器件。

3. 柱式托盘

四角有四根立柱的托盘称为柱式托盘。

柱式托盘没有侧板，在托盘上部的四个角有固定式或可卸式的立柱，有的柱与柱之间有连接的横梁，使柱子呈门框形。

柱式托盘是在平托盘基础上发展起来的，其特点是在不压货物的情况下可进行码垛，多用于包装物料、棒料管材等的集装。

柱式托盘还可以作为可移动的货架、货位。不用时，还可叠套存放，节约空间。

4. 轮式托盘

托盘底部有四个小轮的托盘叫作轮式托盘。轮式托盘是在平托盘、柱式托盘或网箱托盘的底部装上脚轮而成。既便于机械化搬运，又便于短距离的人力移动。

轮式托盘适用于企业工序间的物流搬运，也可在工厂或配送中心装上货物运到商店，直接作为商品货架的一部分。

三、托盘的标准化

托盘的标准化直接影响物流标准化进程和现代物流产业的运作成本，托盘标准是物流产业最为基础的标准。物流的自动化和现代化也集中体现在物流技术标准及其手段与装备，而作为物流技术标准最基本的体现就是目前物流活动中广泛使用的托盘。

现行托盘国际标准有6种尺寸：1 200 mm×800 mm、1 200 mm×1 000 mm、1 140 mm×1 140 mm、1 016 mm×1 219 mm、1 100 mm×1 100 mm、1 067 mm×1 067 mm。

目前，我国正在准备推出的《联运通用平托盘主要尺寸及公差》国家标准，主要是1 200 mm×1 000 mm和1 100 mm×1 100 mm两种。但1 200 mm×1 000 mm规格的托盘与集装箱、叉车以及货架的相互配合会更准确和快捷。

国际标准化组织规定的托盘规格有：1 000 mm×800 mm、1 200 mm×800 mm、1 200 mm×1 000 mm三种，此外还有1 600 mm×1 200 mm、1 800 mm×1 200 mm的大型托盘。

国家标准规定的联运平托盘外部规格系列（GB/T 2934—1996）为1 000 mm×800 mm、1 200 mm×800 mm、1 200 mm×1 000 mm三种。

托盘集合包装所集装的货物单元体积一般为1 m^3 以上，其高度为1 100 mm或2 200 mm，载重为500～2 000 kg。

四、托盘堆码的方法

托盘堆码，即将货物码在托盘上。货物在托盘上的码放方式可采用自身堆码的码放形式，然后用叉车将托盘货一层层堆码起来。对于一些怕挤压或形状不规则的货物，可将货物装在货箱内或带立柱的托盘上。由于货箱堆码时是由货箱或托盘立柱承受货垛的重量，故这种托盘应具有较高的强度和刚度。采用托盘堆码时，堆码和出入库作业常采用叉车或其他堆垛机械完成。采用桥式堆垛机时，堆垛高度可达 8 m 以上，故其仓库容积利用率和机械化程度比自身堆码有较大的提高。托盘堆码方式主要包括以下几种：

1. 重叠式

即各层码放方式相同，上下对应。这种方式的优点是工人操作速度快，包装货物的四个角和边重叠垂直，承载能力大；缺点是各层之间缺少咬合作用，容易发生塌垛。在货物底面积较大的情况下，采用这种方式具有足够的稳定性，如果再配上相应的紧固方式，则不但能保持稳定，还可以保留装卸操作省力的优点。

2. 压缝式堆码

一层横放、一层直放，两层横直交错的堆垛方法，即上层包装压在下层两箱缝上。其特点是稳固，不易倒垛，但不便于货物计算。

3. 纵横交错式堆码

相邻摆放旋转 90°，一层横向放置，另一层纵向放置。每层间有一定的咬合效果，但咬合强度不高。

4. 正反交错式

同一层中，不同列的以 90°垂直码放，相邻两层的码放形式是另一层旋转 180°的形式。这种方式类似于建筑上的砌砖方式，不同层间咬合强度较高，相邻层之间不重缝，因而码放后稳定性较高，但操作较为麻烦，且包装体之间不是垂直面相互承受载荷。

5. 旋转交错式

第一层相邻的两个包装体互为 90°，两层间码放又相差 180°，这样相邻两层之间互相咬合交叉，货体的稳定性较高，不易塌垛。其缺点是码放的难度较大，且中间形成空穴，降低托盘的利用效率。

6. 仰伏相间式堆码

对上下两面有大小差别或凹凸的物品，如槽钢、钢轨等，将物品仰放一层，在反面伏放一层，仰伏相向相扣。该垛极为稳定，但操作不便。

对于托盘货物的码放有如下要求：

（1）木质、纸质和金属容器等硬质直方体货物单层或多层交错码放，拉伸或收缩膜包装。

（2）纸质或纤维质类货物单层或多层码放，用捆扎带十字封合。

（3）密封的金属容器等圆柱体货物单层或多层码放，木质货盖加固。

（4）需进行防潮、防水等防护的纸制品、纺织品货物单层或多层交错码放，拉伸或收缩膜包装或增加角支撑、货物盖隔板等加固结构。

（5）易碎类货物单层或多层码放，增加木质支撑隔板结构。

（6）金属瓶类圆柱体容器或货物单层垂直码放，增加货框及板条加固结构。

（7）袋类货物多层交错压实码放。

【实训目的】

1. 了解整托盘货物人工入库作业系统的基本构成。
2. 了解整托盘货物人工入库作业的基本流程。
3. 能独立分析货物到达时需要的托盘数量。
4. 掌握 Flexsim 仿真软件在整托盘货物入库作业系统仿真方面的各类应用方法。

【实训背景】

某物流企业主要业务是提供第三方物流服务，其仓库中的货物存储形式以单件存储和整托盘存储为主。客户送达的整箱货物需要人工码放到托盘上再通过叉车进行上架。现该公司接到客户送达的一批货物，共有三种类型，需要分别进行整托盘码放后再存储，要求每个托盘码放相同的货物，并且根据货架、货物、托盘尺寸计算每种货物的托盘码放方式和数量。

【实训内容】

（1）该物流公司将客户的三种货物执行组托盘后的入库作业流程如图 2—25 所示。将客户要求存放的三种货物 A、B、C 送至入货口后，由托盘存放区取出托盘送至整箱货物组托区，由组托作业员将箱式货物按照既定规则码放到托盘上，通过叉车将不同的整托盘货物送至不同的存储区。

（2）代表仓库入货口的发生器产生三种不同类型和颜色的临时实体，代表三种原材料，按照规定的时间送达规定的数量，类型值分别为 1、2、3，系统随机设置三种不同颜色。

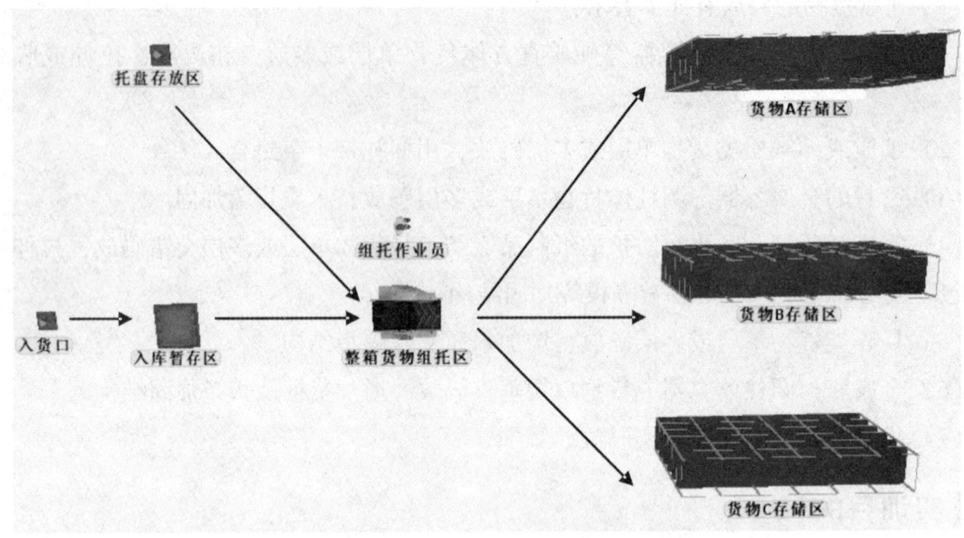

图 2—25　作业流程说明图

（3）类型 1、2、3 的临时实体分别被送至三个入库暂存区，经整箱货物组托区组托后，以整托盘的形式送至对应的存储区。

（4）货架要求 6 行 6 列，可存储 36 个整托盘的货物，存储时要求从货架的第一行第一列开始存放，货架行高和列宽分别为 2 和 1。

（5）整箱货物组托区三个组托点将送达的各种整箱货物按照每托盘 8 箱的标准进行码放，需要的时间是 15 s，分别需要操作员 1、2、3 进行货物组托作业。

（6）关于送达货物类型的设置，主要是入货口设置为一批同时送三种货物，第一批货物在模型开始时送达，第二批货物在 1 600 s 时送达，数量均为 144 个。

（7）添加一个统计工具，实时统计叉车的工作忙闲率。

【实训步骤】

◇ 第一阶段　拖放实体

步骤 1：拖放实体

从实体库里拖出一个发生器放到模型视图区，方法是鼠标左键按住实体库中的发生器，拖动放到 3Dview 区，实体拖放效果如图 2—26 所示。

步骤 2：拖放其余实体

把其余的实体拖到模型视图区中，实体拖放完整效果如图 2—27 所示。

步骤 3：实体名称修改

对每个实体按照实际系统中的功能修改名称，修改完成效果如图 2—28 所示。

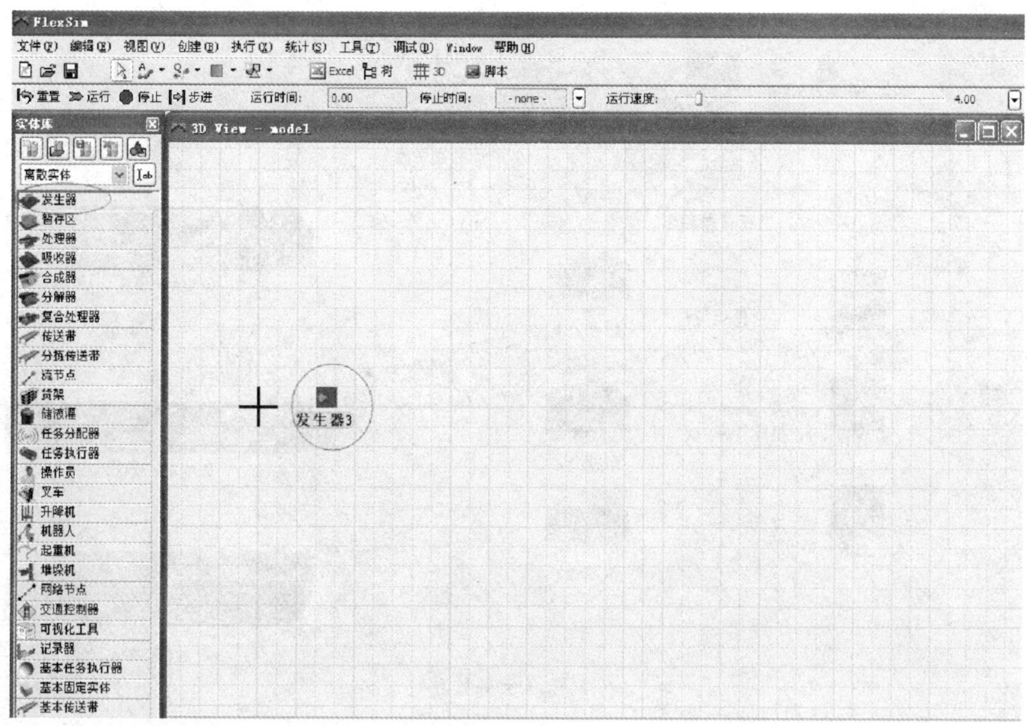

图 2—26　实体拖放效果图

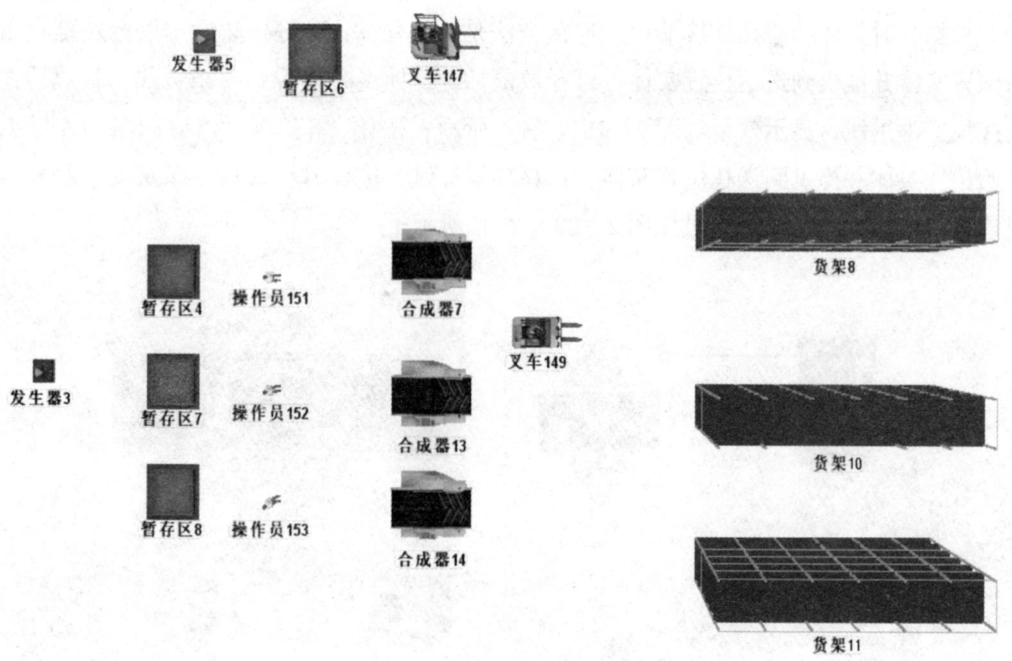

图 2—27　实体拖放完整效果图

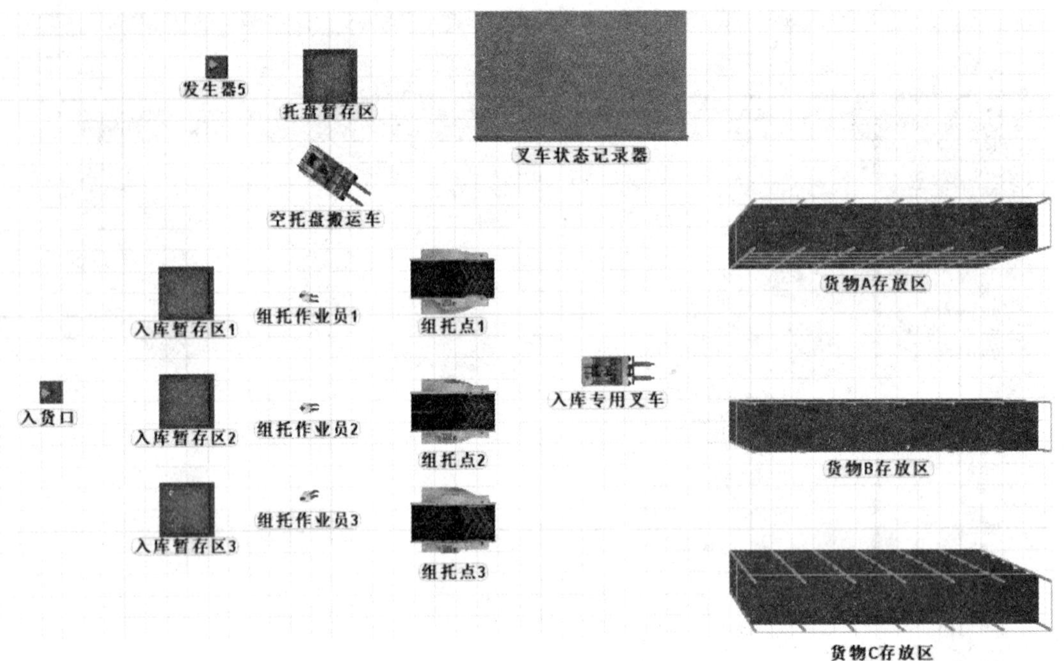

图 2—28 实体名称修改效果图

◇ 第二阶段 逻辑连线

步骤 4：连接端口

根据临时实体的路径连接端口。连接方法是：按住“A”键，然后用鼠标左键点击起始位置实体并拖曳到送达位置实体，再释放鼠标键，拖曳时可看到一条黄线，释放后逻辑连接线变为黑线，显示效果如图 2—29（左）所示；按住“S”键，然后用鼠标左键点击起始位置实体并拖曳到送达位置实体，再释放鼠标键，拖曳时可看到一条黄线，释放后逻辑连接线变为黑线，显示效果如图 2—29（右）所示。

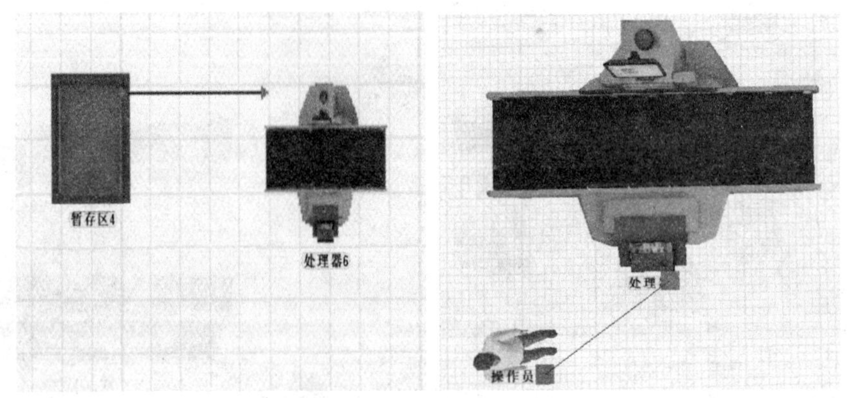

图 2—29 逻辑连线效果图

首先使用 A 连接，连接发生器 5 到托盘暂存区；

然后使用 A 连接，连接托盘暂存区分别到组托点 1、2、3；

使用 A 连接，连接入货口分别到入库暂存区 1、2、3；

使用 A 连接，连接入库暂存区 1、2、3 分别到组托点 1、2、3；

使用 A 连接，连接组托点 1、2、3 分别到货物 A、B、C 存储区；

使用 S 连接，连接入库暂存区 1、2、3 分别到组托作业员 1、2、3；

使用 S 连接，连接托盘暂存区到空托盘搬运车；

使用 S 连接，分别连接组托点 1、2、3 到入库专用叉车。

连接线完成后显示效果如图 2—30 所示。

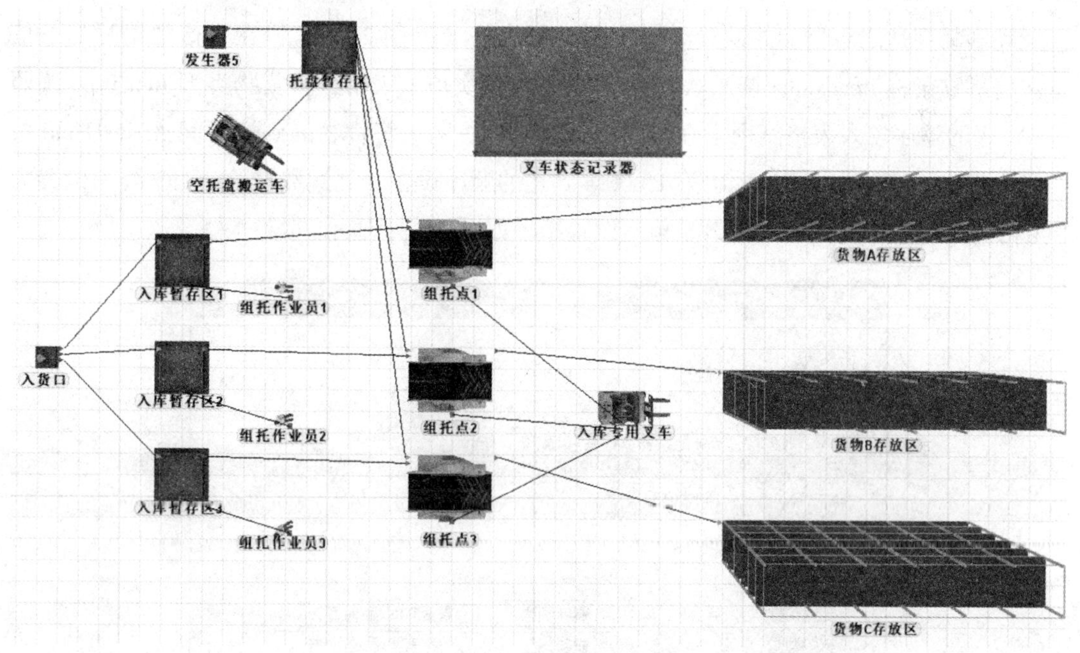

图 2—30　逻辑连线完成效果图

◇ 第三阶段　参数设置

每个实体都有其特有的图形用户界面（GUI），通过此界面可将数据与逻辑加入模型中。双击实体可打开叫作参数视窗的 GUI。

步骤 5：入货口参数设置

双击代表入货口的发生器打开它的参数视窗，将到达方式设置为“到达时间表”，到达次数设置为 6 次，并点击“刷新到达”，设置结果如图 2—31 所示。

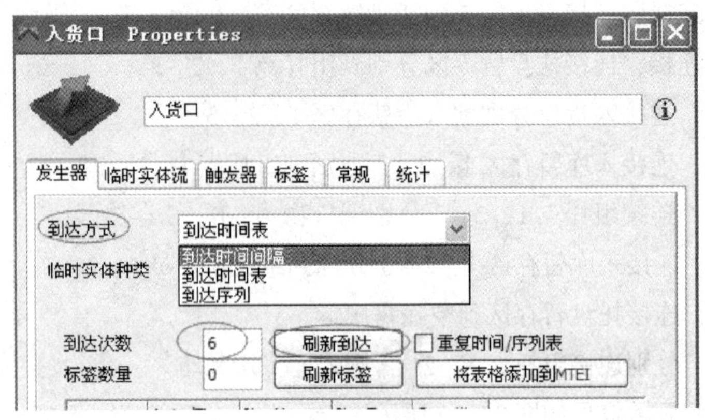

图 2—31　入货口发生器选项卡设置效果图

在刷新到达之后，参数设置界面出现 6 行表格（见图 2—32），在表格中填写如下信息：将货物名称 ItemName 按照 A、B、C 的顺序依次填入表格，将货物类型 ItemType 按照 1、2、3 的顺序填入表格，用来在模型中区分三种货物；将货物的到达时间 ArrivalTime 按照第一批次 0 s 到达、第二批次第 1 600 s 到达的顺序设置，到达数量 Quantity 统一设置为 144 箱，代表每种货物均入库 288 箱，设置结果如图 2—32 所示。

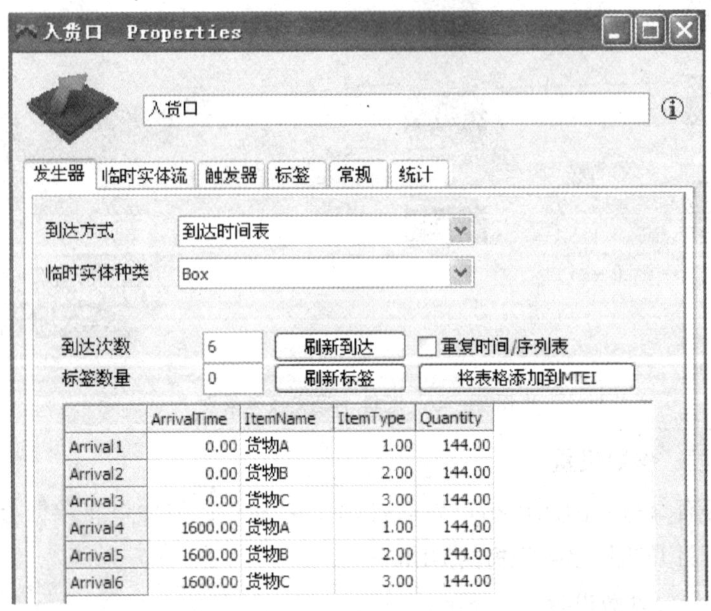

	ArrivalTime	ItemName	ItemType	Quantity
Arrival1	0.00	货物A	1.00	144.00
Arrival2	0.00	货物B	2.00	144.00
Arrival3	0.00	货物C	3.00	144.00
Arrival4	1600.00	货物A	1.00	144.00
Arrival5	1600.00	货物B	2.00	144.00
Arrival6	1600.00	货物C	3.00	144.00

图 2—32　到达时间表设置效果图

对入货口触发器进行设置。点击离开触发后的加号，在出现的下拉列表中选择“设置颜色”，表示将模型中产生的三种不同类型的货物随机设置为不同的颜色，设置效果如图 2—33 所示。

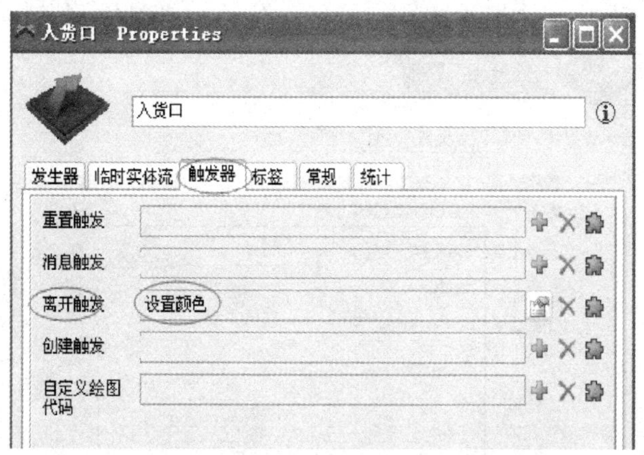

图 2—33 入货口触发器选项卡设置效果图

在临时实体流选项卡中设置发送至端口选项，选择“指定端口”命令，表示货物按照不同类型分别被送到不同的组托点，设置结果如图 2—34 所示。

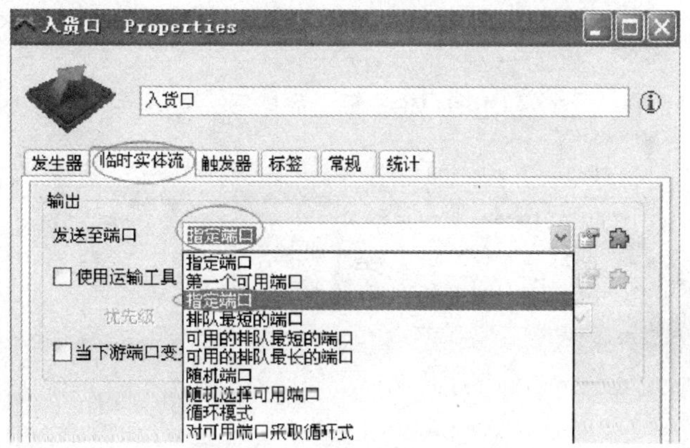

图 2—34 临时实体流选项卡设置效果图

也可选择其中的根据返回值选择输出端口。具体设置如下：单击添加三行 Case，分别设置为 Case1、2、3，这三种类型分别对应着货物 A、B、C，将 Case1、2、3 的输出端口设置为 Port1、2、3，代表分别进入入库暂存区 1、2、3，具体如图 2—35 所示。

步骤 6：入库暂存区参数设置

对入库暂存区 1、入库暂存区 2 和入库暂存区 3 进行设置。主要参数按照系统默认设置。在货物到达入库暂存区后，需要组托作业员将货物搬运到组托点。具体调用操作员的方法是：双击“入库暂存区 1”，点击“临时实体流”选项卡，勾选“使用运输工具”选项，完成调用搬运工设置，入库暂存区 2、3 按照相同设置方法进行设置，设置结果如图 2—36 所示。

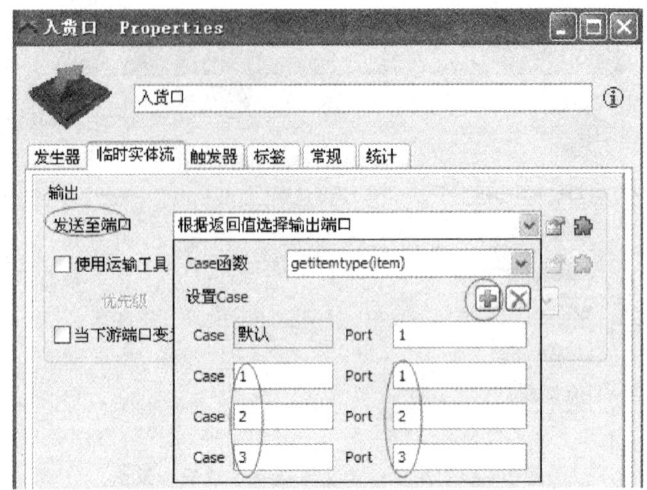

图 2—35　临时实体发送方向设置示意图

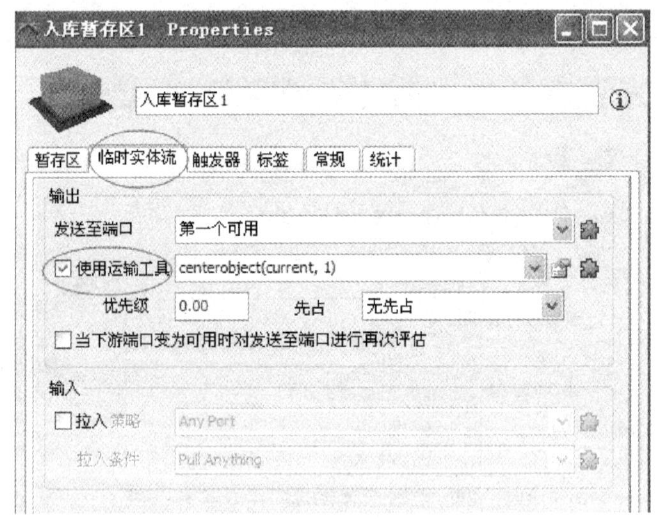

图 2—36　使用运输工具设置示意图

步骤 7：发生器 5 参数设置

双击“发生器 5”，设置发生器选项卡，将发生器 5 产生托盘的时间设置为按照指数分布 exponential（0，30，0）产生，产生的临时实体种类为 Pallet，具体如图 2—37 所示。

双击“发生器 5”，设置触发器选项卡，将发生器 5 产生托盘的种类在创建触发中设定为“设置临时实体类型和颜色”，产生的临时实体类型为 Pallet，具体如图 2—38 所示。

步骤 8：托盘暂存区参数设置

设置托盘暂存区的“临时实体流”选项卡，勾选“使用运输工具”选项，调用叉车将空托盘搬至组托点，并设置发送至端口选项为“指定端口”，保证每个组托点都有托盘供应，具体如图 2—39 所示。

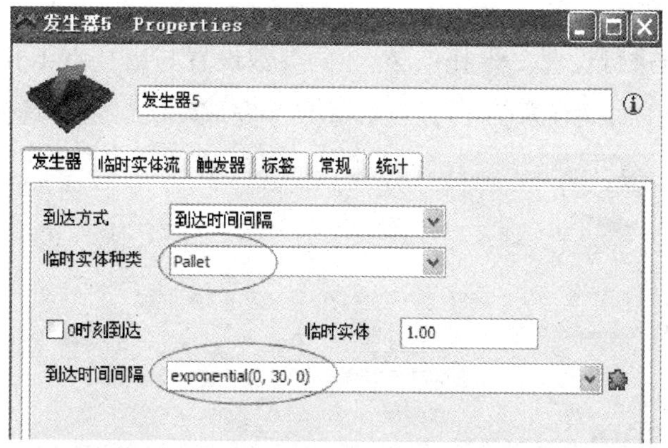

图 2—37 发生器 5 选项卡设置示意图

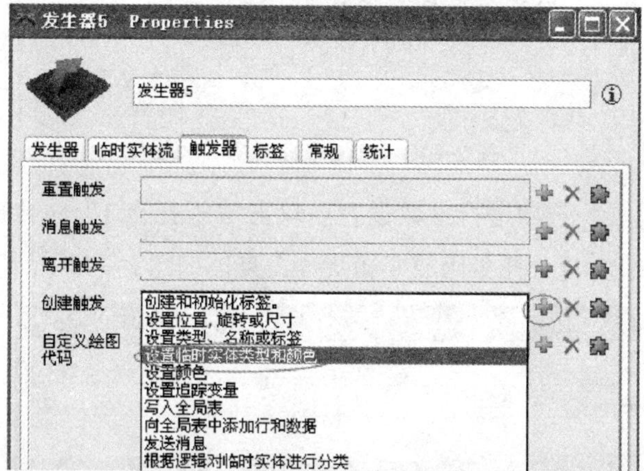

图 2—38 触发器选项卡设置示意图

图 2—39 托盘暂存区临时实体流选项卡设置示意图

步骤 9：组托点参数设置

对组托点 1 参数进行设置，组托点 2、3 的参数设置与组托点 1 相同。双击“组托点 1”（合成器），将加工时间设置为 15，表示每 15 s 完成一次打包，具体如图 2—40 所示。

图 2—40 组托时间设置示意图

对组托点“合成器”选项进行参数设置。双击“组托点 1”（合成器），将组成清单中的数值设置为 8，表示每个托盘码放 8 箱货物，具体如图 2—41 所示。

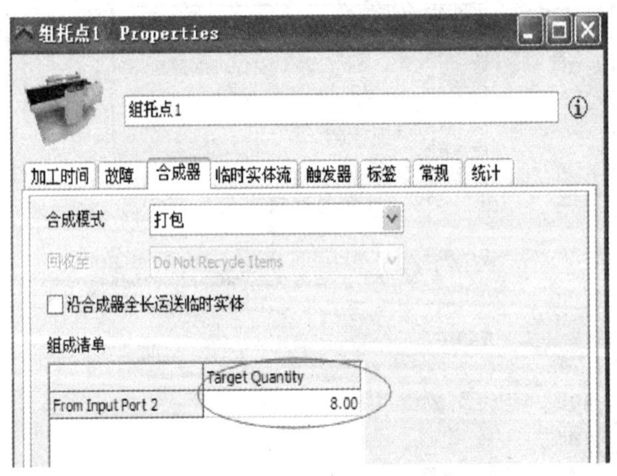

图 2—41 组托数量设置示意图

对组托点“临时实体流”选项进行参数设置。双击“组托点 1”（合成器），勾选临时实体流中的“使用运输工具”选项，调用叉车将组完的托盘送至存储区，具体如图 2—42 所示。

步骤 10：货物存放区参数设置

货物存放区包含三个货架，分别存储 A、B、C 三种货物，对货物 A 存放区进行设置，其他两个存放区的设置与 A 存放区完全一致。

图 2—42 使用运输工具设置示意图

双击“货物 A 存放区”，尺寸表格区列数和层数分别设置为 6 列 6 层，列宽和层高分别设置为 2 和 1，设置完成后要左键单击“应用基本设置”进行数据的保存，设置结果如图 2—43 所示。

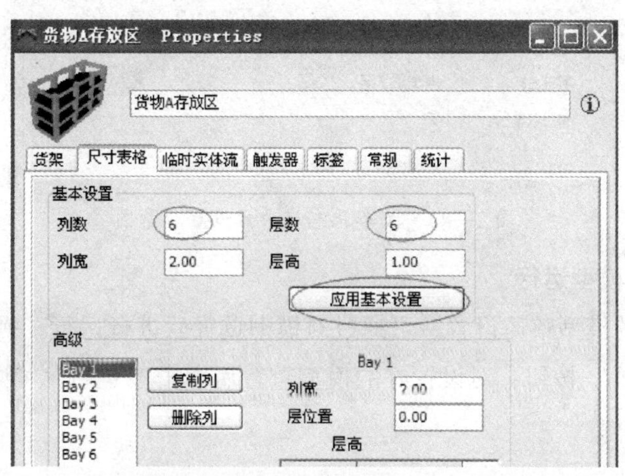

图 2—43 货格数量设置示意图

设置货物 A 存放区的“货架”选项卡，点击放置到列后面的下拉菜单，选择“第一个可用列”选项，点击“放置到层”后面的下拉菜单，选择“第一个可用层”选项，其中的单个货格的最大容量设置为 1，具体如图 2—44 所示。

步骤 11：叉车状态统计器参数设置

叉车状态统计器可对叉车的忙闲状态进行实时统计。使用一个统计工具对入库专用叉车状态显示器进行设置，以饼状图的状态显示入库专用叉车的作业忙闲状态。双击“叉车状态记录器”，将数据类型设置为“标准数据”，实体名称选择“入库专用叉车”，捕捉数据选择“状态”，确定设置情况，具体如图 2—45 所示。

图 2—44　货物存放规则设置示意图

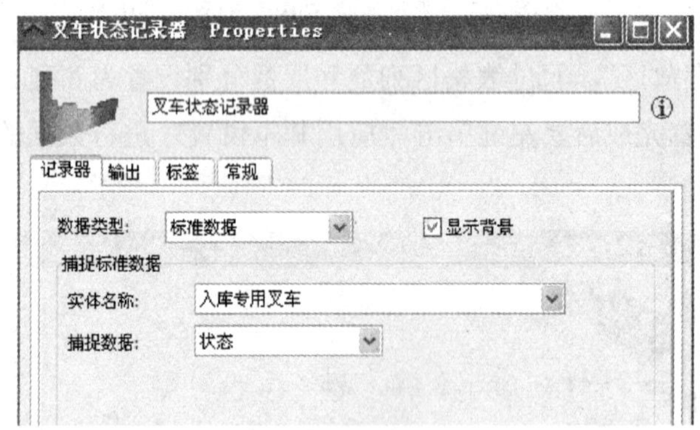

图 2—45　叉车状态记录器设置示意图

◇ 第四阶段　模型运行

经过以上过程的模型整体设置，可通过对模型重置后进行运行，操作方法是：单击仿真控制栏中的“重置”按钮，对设置好的模型重置后点击“运行”，观看仿真效果，具体如图 2—46 所示。

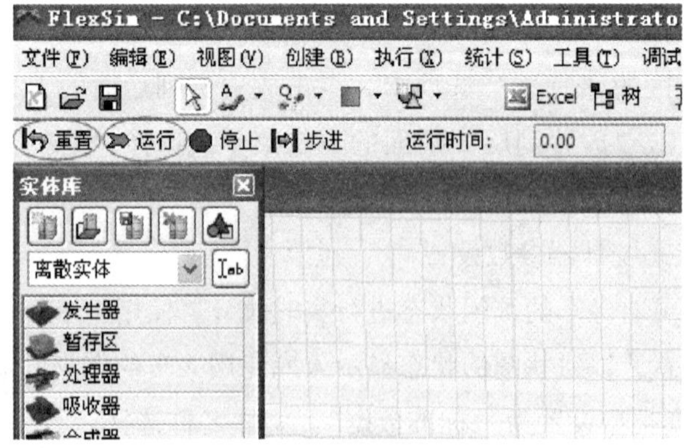

图 2—46　模型运行设置示意图

模型仿真最终运行效果如图 2—47 所示。

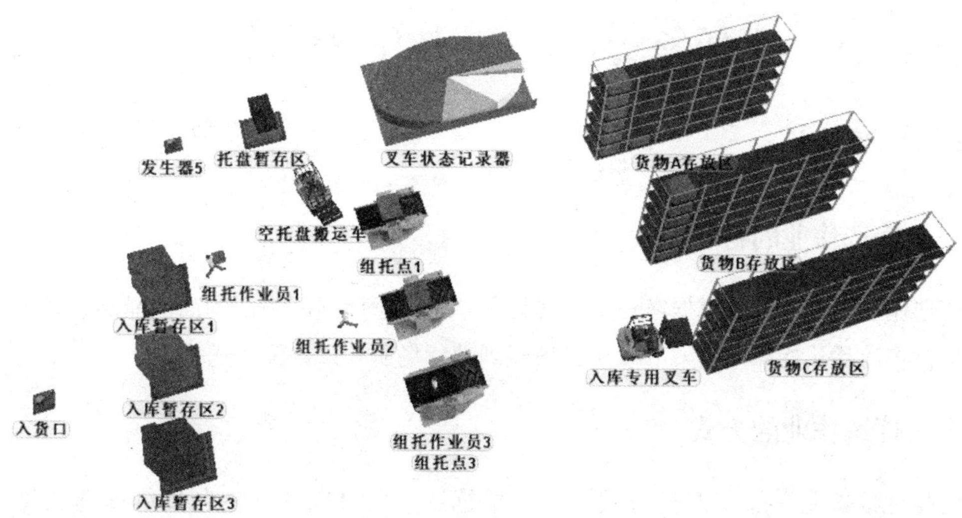

图 2—47　模型最终运行效果图

【思考练习】

1. 重新启动 Flexsim 仿真软件，独立完整地完成上述模型。

2. 分析该整托盘人工入库作业系统的入库作业能力。

3. 根据模型演示效果，思考该模型对应的企业收货入库流程是否合理；如果不合理，分析存在哪些问题，试提出改进方案。

【实训评估】

实训报告撰写要求：根据本任务实训内容，完成一篇针对该整托盘货物人工入库作业系统仿真模型的实训报告，对该系统作业流程进行说明，并对模型运行过程进行分析，说明该作业系统存在的优势或问题，并说明原因或解决方案，字数不限。

整托盘货物人工入库作业仿真实训考核表			
考核项目	分值	最终成绩	被考核人
出勤情况	30 分		
实训报告	50 分		
课堂表现情况	20 分		
合计	100 分		

任务三　人工拣选作业仿真

【知识准备】

一、拣选作业的含义

拣选作业是配送中心根据客户提出的订货单或配送计划所规定的商品品名、数量和储位地址，将商品从货垛或货架上取出，搬运到理货场所，以备配货送货。

二、拣选作业的方式

商品拣选作业一般有四种方式，即订单拣选、批量拣选、整合按单拣选及复合拣选。

1. 订单拣选

订单拣选也称为摘果式拣选，是针对每一份订单，由分拣人员按照订单所列商品及数量，将商品从储存区域或分拣区域拣取出来，然后集中在一起的拣货方式。

（1）作业原理。其作业原理如图 2—48 所示。

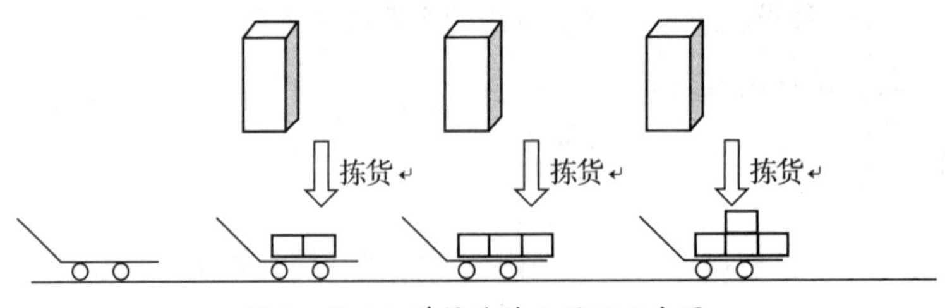

图 2—48　订单拣选作业原理示意图

（2）特点

1）按订单拣选，易于实施，而且配货准确度较高，不易出错。

2）对各用户的拣选相互没有约束，可以根据用户需求的紧急程度调整配货先后次序。

3）拣选完一个货单货物便配齐，因此货物可以不再落地暂存，可直接装上配送车辆，有利于简化工序，提高作业效率。

4）用户数量不受限制，可在较大范围内波动；拣选作业人员数量也可随时调整，作业高峰时可临时增加作业人员，有利于开展即时配送。

5）对机械化、自动化没有严格要求，不受设备水平限制。

（3）优缺点

1）优点。作业方法单纯；订单处理前置时间短；导入容易，且弹性大；作业人员责任明确；派工容易、公平；拣货后不必再进行分拣作业。

2）缺点。商品品种数多时，拣货行走路线延长，拣取效率降低；拣取区域大时，搬运系统设计困难；少批量、多批次拣取时，会造成拣货路径重复费时，效率降低。

（4）适用订单。适用于大批量、少品种订单的处理或是订单大小差异较大；订单数量变化频繁，商品差异较大的情况，如化妆品、家具、电器、百货、高级服饰等。

2. 批量拣选

批量拣选也称为播种式拣选，将每批订货单上的同种商品各自累加起来，从储位上取出，集中搬运到理货场，然后将每一客户所需的数量取出，分放到该客户商品暂储待运货位处，直至配货完毕。

（1）作业原理。其作业原理如图 2—49 所示。

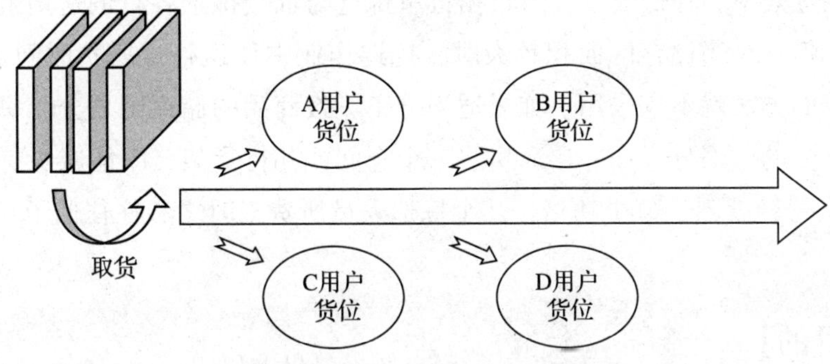

图 2—49　批量拣选作业原理示意图

（2）特点

1）由于是集中取出共同需要的货物，再按货物货位分放，这就需要在收到一定数量的订单后进行统计分析，安排好各用户的分货货位之后才能反复分货作业。因此，这种工艺难度较高、计划性较强，与按单拣选相比错误率较高。

2）由于是各用户的配送请求同时完成，可以同时开始对各个用户所需货物进行配送，因此有利于车辆的合理化调配和规划配送线路，与按单拣选相比可以更好地发挥规模效益。

3）对到来的订单无法做出及时反应，必须等待订单达到一定数量才做一次处理，因此会有停滞时间。只有根据订单到达的状况做等候分析，决定出适当的批量大小，才能将停滞时间减至最低。

（3）优缺点

1）优点。适合订单数量庞大的系统；可以缩短拣取时的行走搬运距离，增加单位时间的拣取量；越要求少批量、多批次的配送，批量拣取就越有效。

2）缺点。对到来的订单无法做出及时反应，必须等订单达到一定数量时才做一次处理，因此会有停滞时间。

（4）适用订单。批量拣选适合订单变化较小、订单数量稳定的配送中心和外形较规则、固定的商品出货；需进行流通加工的商品也适合批量拣选，批量进行加工后，再分类配送，有利于提高拣货及加工效率。

3. 整合按单拣选

整合按单拣选主要应用于一天中每一订单只有一种品项的场合。为了提高配送效率，将某一地区的订单整合成一张拣选单，做一次分拣后，集中捆包出库，属于按单拣选的一种变通形式。

4. 复合拣选

为提高拣选效率、降低成本，可根据订单拣选与批量拣选各自的适用范围，有机地将两者混用。例如，当储存区面积较大时，拣选作业中往返行走所费时间占很大比重，此时一人一单的方法就不宜采用。如果适当分工，按商品的储存区划分，每一拣选人员只拣选订货单中的一部分，如一层库房、一个仓间或几行货架，既能减少拣选人员的往返之劳，又能驾轻就熟、事半功倍，几个拣选人员所费工时之和往往低于一个人拣选的总工时。

【实训目的】

1. 了解人工拣选作业系统的基本构成。
2. 了解人工拣选作业的基本流程。
3. 能独立安排不同订单的拣选任务分配。
4. 掌握 Flexsim 仿真软件在人工拣选作业系统仿真方面的各类应用方法。

【实训背景】

某电商企业销售各种类型的零售商品，商品种类繁多，部分小型商品的拣选通过一个小型的拣货区执行。客户下达的订单一般会包含多种商品，并且每种商品的数量都不一样。现在有三个客户，每人下达了一个订单，分别订购了四种货物，每个客户订购的每种货物数量都不一致，通过订单汇总，得出三个客户下达的订单具体信息如下，需通知作业员执行订单的拣选。

	商品 A	商品 B	商品 C	商品 D
客户 1	1	2	3	4
客户 2	2	3	4	5
客户 3	3	4	5	6

【实训内容】

（1）该企业将客户下达的订单进行处理后按照图 2—50 所示的拣货作业流程进行拣货和出库作业，并根据不同的客户将拣选完毕的货物分别送至不同的出库暂存区。每个客户的订单拣选是通过托盘来装载，由拣选作业员按照客户订单要求从不同存储区取出不同货物放置到该客户所属的拣货托盘上，再通过叉车将拣选完成的订单送至出库暂存区。

（2）代表仓库入货口的货物发生器产生四种不同类型和颜色的临时实体，代表四种拣选区存储的商品，每种商品补货数量为 25 个，在拣选区缺货时通过货物发生器补货，四种类型商品的类型值分别为 1、2、3、4，系统随机设置四种不同颜色。

（3）类型 1、2、3、4 的临时实体分别被送至四个不同货架。

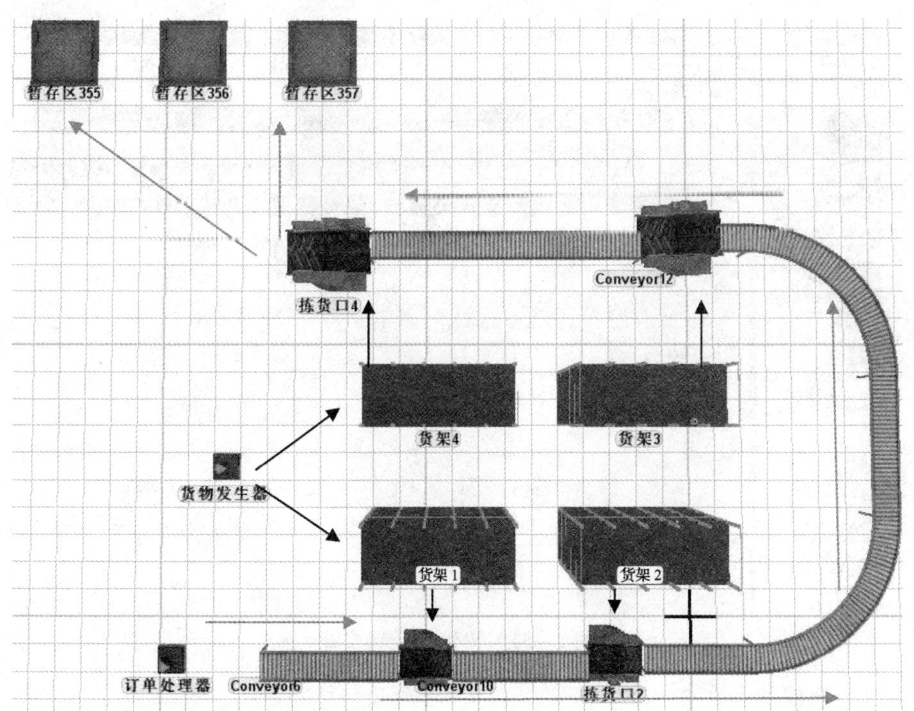

图 2—50　模型布局及流程示意图

（4）货架要求5行5列，可存储25种货物，存储时要求从货架的第一行第一列开始存放，货架行高和列宽均设置为1。

（5）拣货口通过软件中的合成器实现设置，4个拣货口分别用于拣选4种货物，完成一次拣货装盘需要的时间是10 s，每种商品拣取的数量依照客户订单要求生成的全局表设定。

（6）拣货作业员根据每个客户的订单要求从货架中取出相应类型和数量的产品。

（7）订单处理器由软件中的发生器代替，将客户的订单转换为承载商品的托盘，每个客户对应一个托盘，根据客户订单的下达时间和拣选批次产生相应托盘执行拣货作业。第一个客户的订单在第100 s时执行，第二个客户的订单在第500 s时执行，第三个客户的订单在第1 000 s时执行，三个客户订单分别设置为类型1、2、3。

【实训步骤】

◇ 第一阶段　拖放实体

步骤1：拖放实体

从实体库里拖出一个发生器放到模型视图区，方法是鼠标左键按住实体库中的发生器，拖动放到3Dview区，实体拖放效果如图2—51所示。

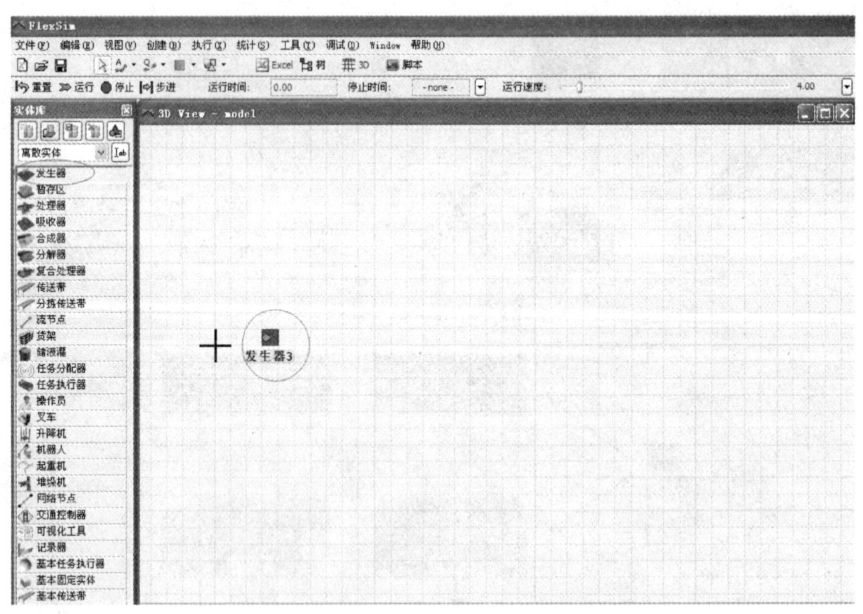

图2—51　实体拖放效果图

步骤2：拖放其余实体

把其余的实体拖到模型视图区中，实体拖放完整效果如图2—52所示。

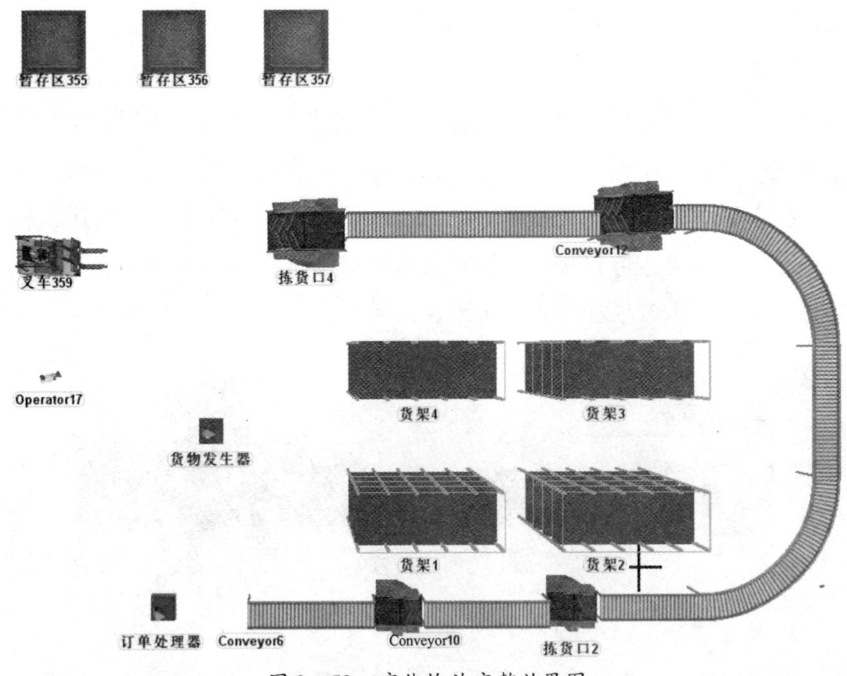

图 2—52 实体拖放完整效果图

步骤 3：实体名称修改

对每个实体按照实际系统中的功能修改名称，修改名称完整效果如图 2—53 所示。

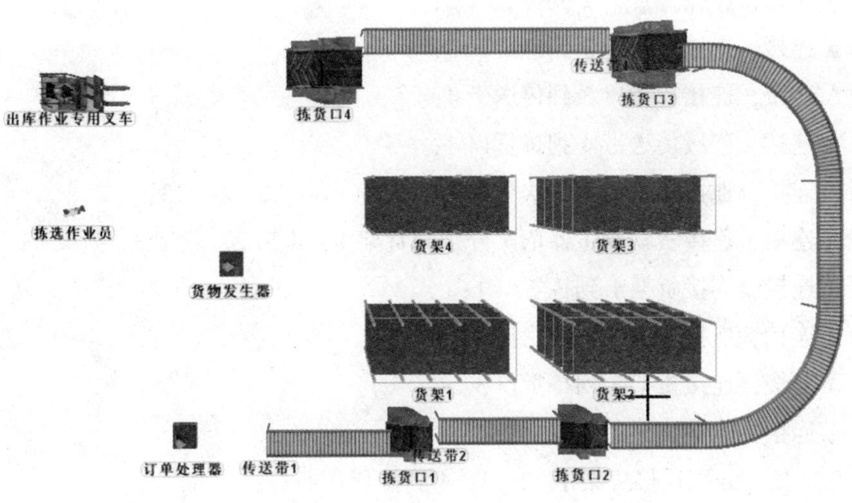

图 2—53 修改名称完整效果图

◇ 第二阶段 逻辑连线

步骤4：连接端口

根据临时实体的路径连接端口，连接方法是：按住“A”键，然后用鼠标左键点击起始位置实体并拖曳到送达位置实体，再释放鼠标键，拖曳时可看到一条黄线，释放后逻辑连接线变为黑线，显示效果如图2—54（左）所示；按住“S”键，然后用鼠标左键点击起始位置实体并拖曳到送达位置实体，再释放鼠标键，拖曳时可看到一条黄线，释放后逻辑连接线变为黑线，显示效果如图2—54（右）所示。

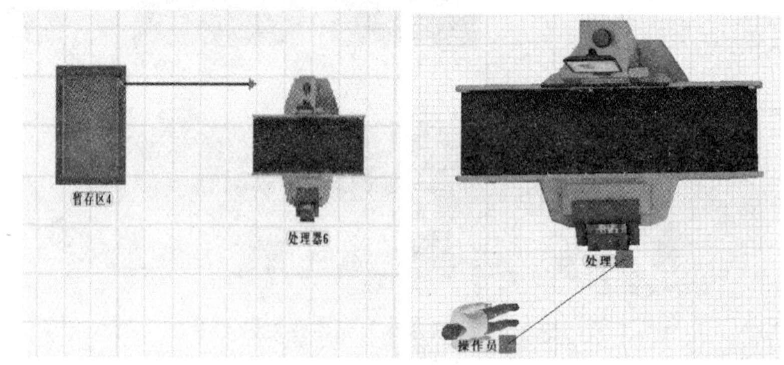

图2—54 逻辑连线示意图

首先使用A连接，连接订单处理器到传送带1；

使用A连接，连接传送带1到拣货口1；

使用A连接，连接拣货口1到传送带2；

使用A连接，连接传送带2到拣货口2；

使用A连接，连接拣货口2到传送带3；

使用A连接，连接传送带3到拣货口3；

使用A连接，连接拣货口3到传送带4；

使用A连接，连接传送带4到拣货口4；

使用A连接，连接拣货口4依次分别到客户1、客户2、客户3；

使用A连接，连接货物发生器依次分别到货架1、货架2、货架3、货架4；

使用A连接，连接货架1到拣货口1；

使用A连接，连接货架2到拣货口2；

使用A连接，连接货架3到拣货口3；

使用A连接，连接货架4到拣货口4；

使用S连接，分别连接货架1、2、3、4到拣货作业员；

使用S连接，连接托盘暂存区到空托盘搬运车；

使用 S 连接，连接拣货口 4 到出库作业专用叉车。

连接线完成后显示效果如图 2—55 所示。

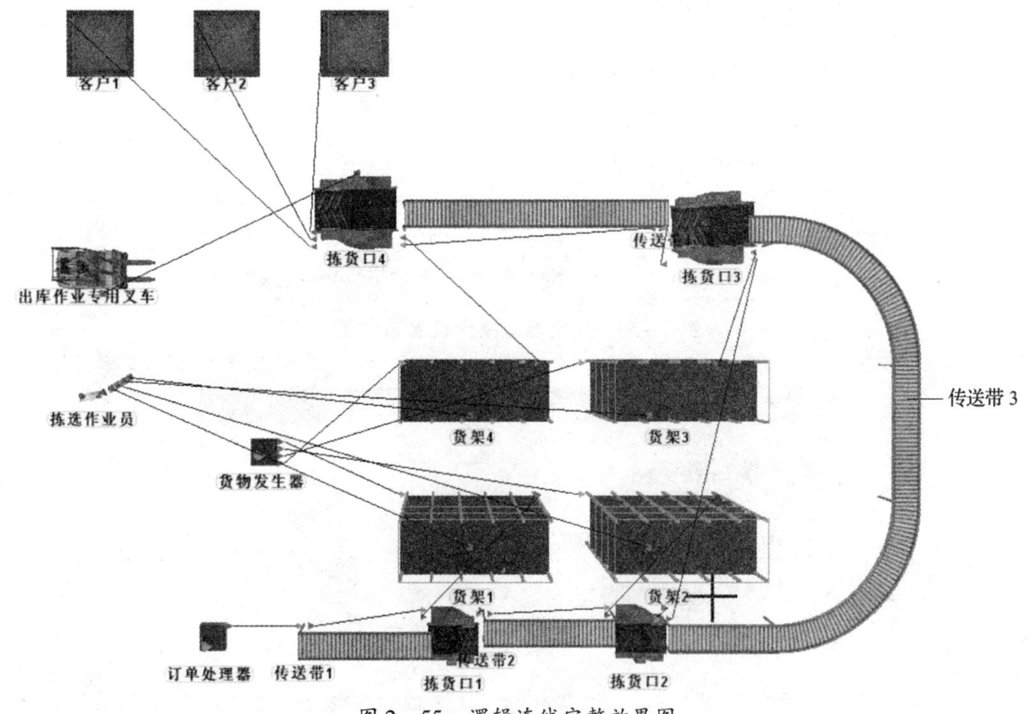

图 2—55　逻辑连线完整效果图

◇ 第三阶段　参数设置

每个实体都有其特有的图形用户界面（GUI），通过此界面可将数据与逻辑加入模型中。双击实体可打开叫作参数视窗的 GUI。

步骤 5：订单处理器参数设置

双击代表订单处理的发生器打开它的参数视窗，将到达方式设置为“到达时间表”，临时实体种类设置为 Pallet，代表托盘，到达次数设置为 3 次，并点击“刷新到达”，具体如图 2—56 所示。

在点击“刷新到达”之后，参数设置界面出现三行表格（见图 2—57），在表格中填写如下信息：将货物类型 ItemType 按照 1、2、3 的顺序填入表格，在时间表中将时间分别设置为 100、500、1 000，分别代表三个客户订单的处理时间，数量均设置为 1，具体如图 2—57 所示。

步骤 6：传送带 1 参数设置

对传送带 1 进行参数设置，传送带 2 的设置方法与传送带 1 相同，主要设置其长短符合模型要求，在此模型中，将传送带 1 的长度设置为 5，具体如图 2—58 所示。

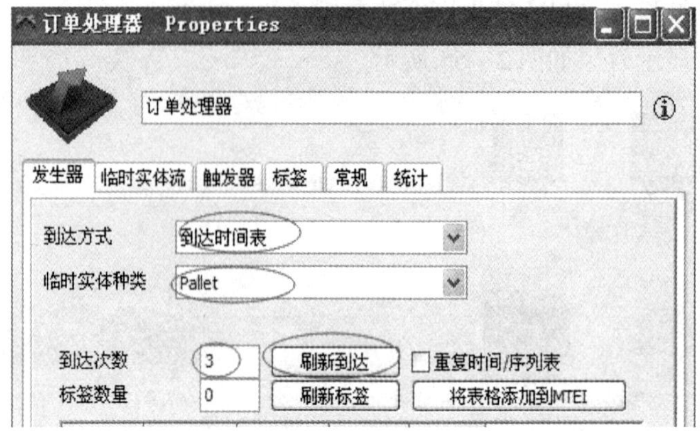

图 2—56　发生器选项卡设置示意图

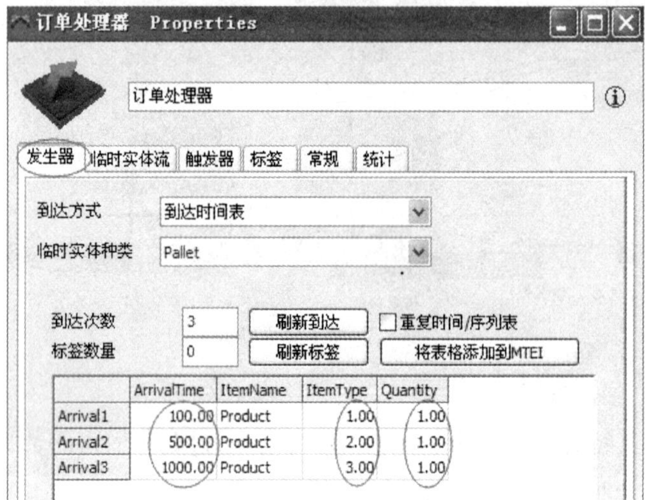

图 2—57　到达时间表设置示意图

图 2—58　传送带布局设置示意图

步骤7：传送带3参数设置

双击“传送带3”，设置“布局”选项卡，具体如图2—59（左）所示；传送带3的设置效果如图2—59（右）所示。

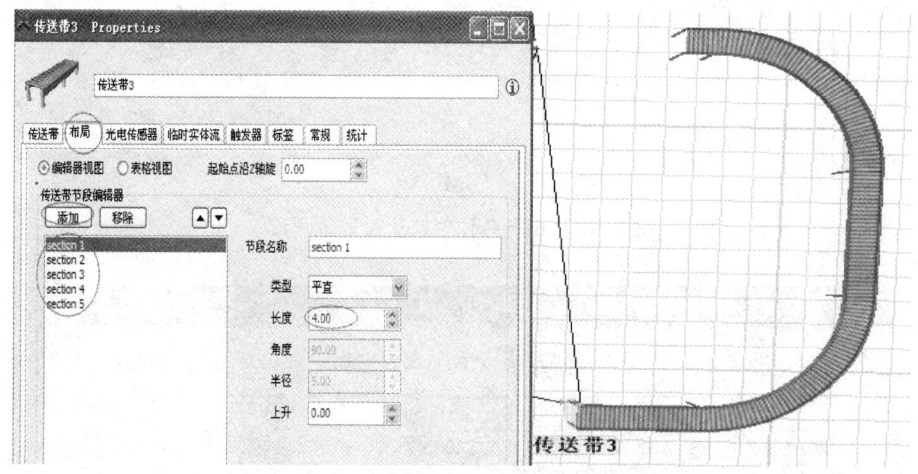

图2—59　传送带多段布局设置示意图

步骤8：建立全局表及参数设置

通过菜单栏点击“工具”按钮，添加四个全局表，分别命名为GlobalTable1、GlobalTable2、GlobalTable3、GlobalTable4，填入数据如下：图2—60所示数据表示客户1、2、3订购产品A的数量分别为1个、2个、3个；图2—61所示数据表示客户1、2、3订购产品B的数量分别为2个、3个、4个；图2—62所示数据表示客户1、2、3订购产品C的数量分别为3个、4个、5个；图2—63所示数据表示客户1、2、3订购产品D的数量分别为4个、5个、6个。

步骤9：拣选口参数设置

对拣货口1进行参数设置。设置拣货口1加工时间选项卡，将加工时间设置为10，表示每10 s完成一次拣货口的拣选，拣货口2、3的设置与拣货口1相同，具体如图2—64所示。

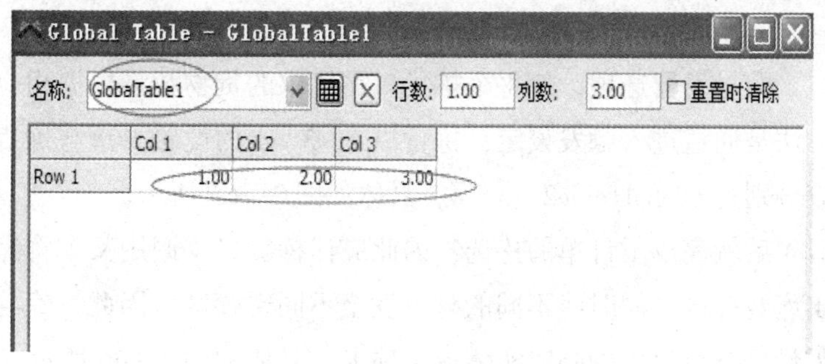

	Col 1	Col 2	Col 3
Row 1	1.00	2.00	3.00

图2—60　A产品订购数量设置示意图

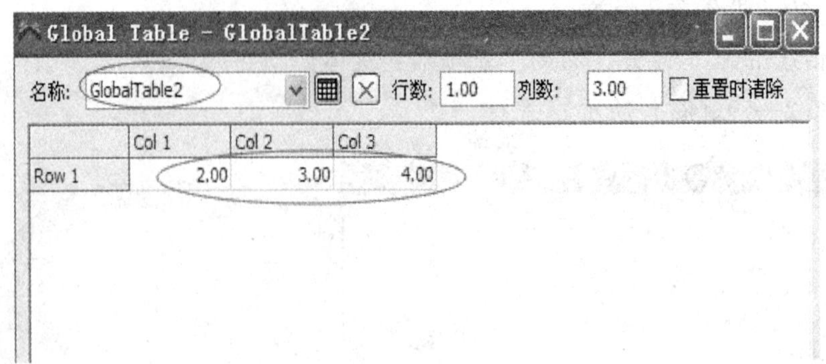

图 2—61　B 产品订购数量设置示意图

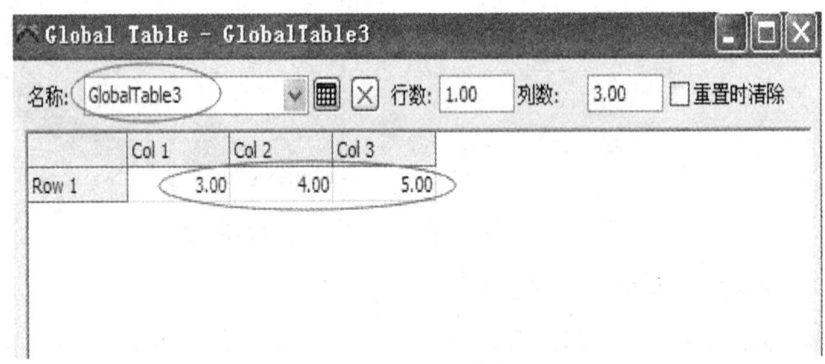

图 2—62　C 产品订购数量设置示意图

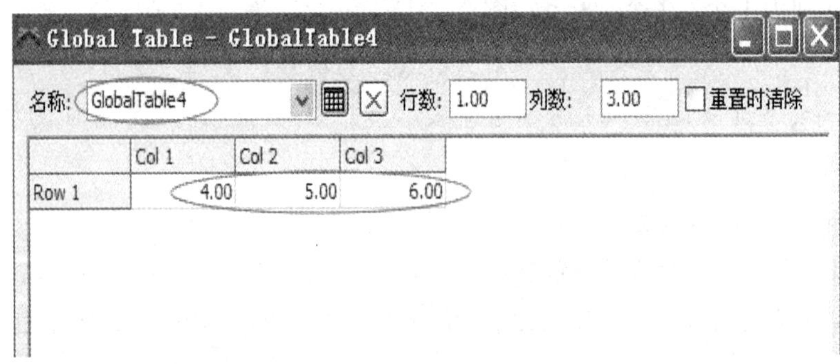

图 2—63　D 产品订购数量设置示意图

设置拣货口 1 的触发器选项，使每个拣货口需拣取的货物数量根据相应全局表中的数值确定。设置方法是通过进入触发设定，拣货口 2、3、4 的设置方法与拣货口 1 相同，只是调用的全局表分别是 GlobalTable2、3、4，具体如图 2—65 所示。

通过拣货口 4 后就完成了订单的拣选，因此应让拣货口 4 调用叉车将完成的订单搬运至对应客户的出库暂存区，同时将不同的订单发至不同暂存区。因此，除与拣货口 1 相同的设置外，还需设置拣货口 4 的临时实体流选项卡，具体如图 2—66 所示。

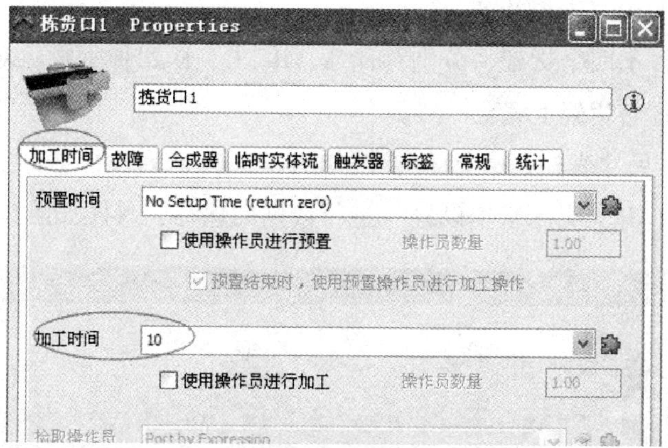

图 2—64　加工时间设置示意图

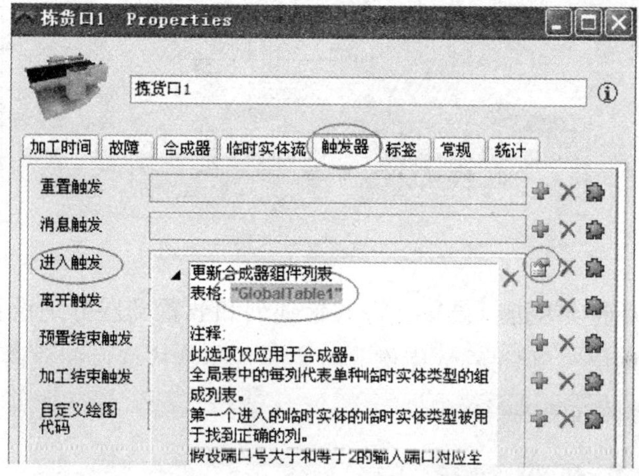

图 2—65　触发器设置示意图

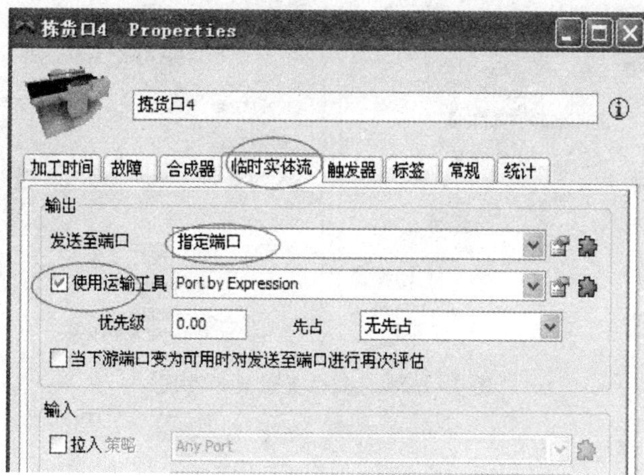

图 2—66　临时实体流设置示意图

步骤 10：货物存储区参数设置

货物存储区包含了四个货架，分别存储 A、B、C、D 四种货物，对货架 1 进行设置，其他三个货架的设置与货架 1 完全一致。

双击“货架”，尺寸表格区列数和层数分别设置为 5 列 5 层，列宽和层高设置为 1，设置完成后要左键单击“应用基本设置”进行数据的保存，具体如图 2—67 所示。

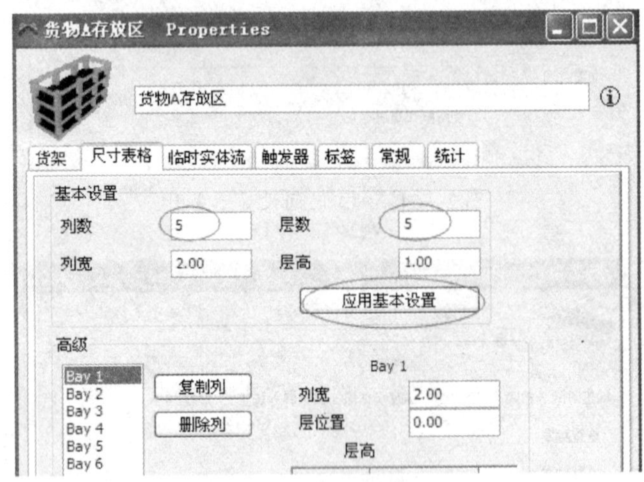

图 2—67　货位数量设置示意图

对货架 1 的货架选项卡进行设置，将放置到列和放置到层分别设置为“第一个可用列”和“第一个可用层”，保证在入库作业时按照货架结构依次摆放商品，单个货格的最大容量设置为 1，具体如图 2—68 所示。

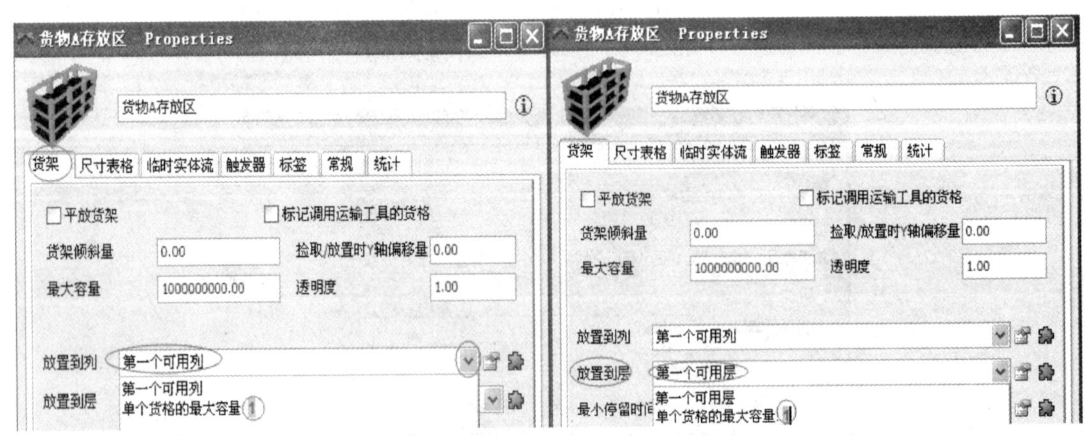

图 2—68　存储位置设置示意图

◇ 第四阶段　模型运行

经过以上过程的模型整体设置，可通过对模型重置后进行运行，操作方法是：单击仿真控制栏中的“重置”按钮，对设置好的模型重置后点击“运行”，观看仿真效果，具体如图 2—69 所示。

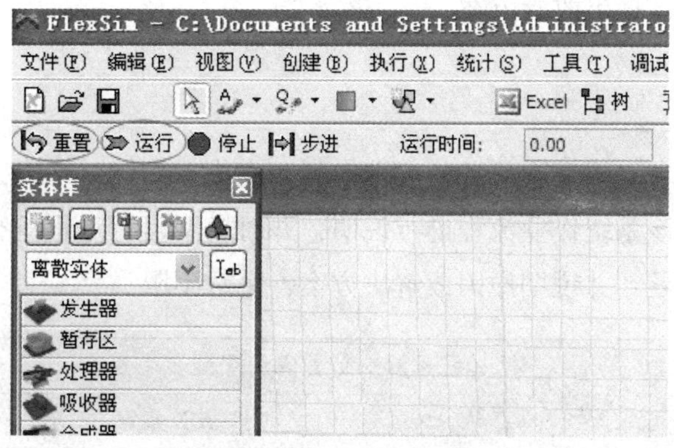

图 2—69　模型运行设置示意图

模型运行最终效果如图 2—70 所示。

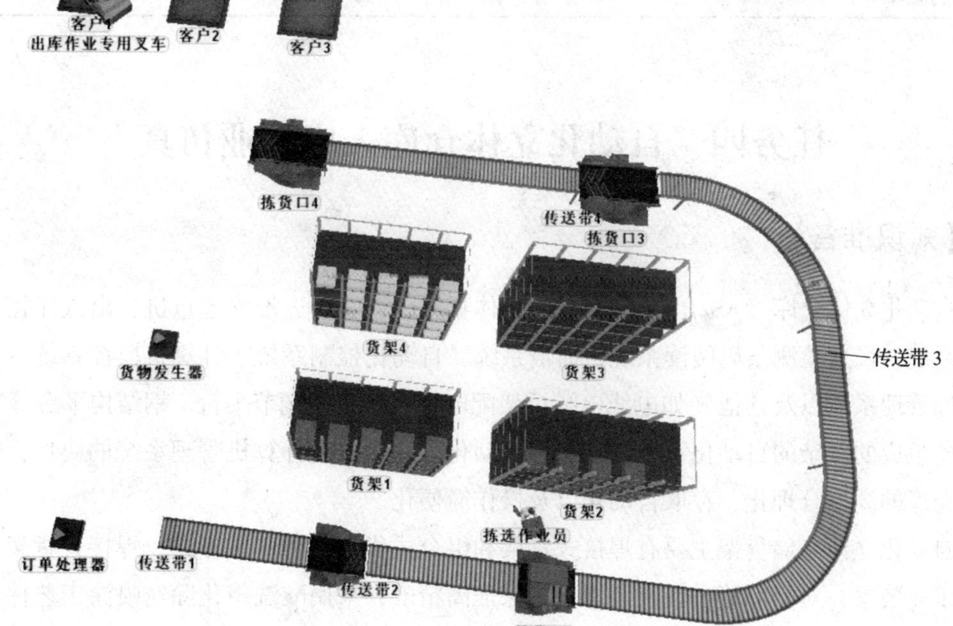

图 2—70　模型运行最终效果图

【思考练习】

1. 重新启动 Flexsim 仿真软件，独立完整地完成上述模型。

2. 分析该人工拣选作业系统的拣选作业能力。

3. 根据模型演示效果，思考该模型对应的企业拣选作业流程是否合理；如果不合理，分析存在哪些问题，试提出改善方案。

【实训评估】

实训报告撰写要求：根据本任务的实训内容，完成一篇针对该人工拣选作业系统仿真模型的实训报告，对该系统作业流程进行说明，并对模型运行过程进行分析，说明该作业系统存在的优势或问题，并说明原因或解决方案，字数不限。

人工拣选作业仿真实训考核表			
考核项目	分值	最终成绩	被考核人
出勤情况	30 分		
实训报告	50 分		
课堂表现情况	20 分		
合计	100 分		

任务四　自动化立体仓库入库作业仿真

【知识准备】

自动化立体仓库（AS/RS）是由高层立体货架、有轨巷道堆垛起重机、出入库托盘输送机系统、尺寸检测条码阅读系统、通信系统、自动化控制系统、计算机监控系统、计算机仓储管理系统以及其他（如电线电缆桥架配电柜、托盘、调节平台、钢结构平台等）辅助设备组成的复杂的自动化系统。其利用自动化存储设备同计算机管理系统的协作，实现立体仓库的高层合理化、存取自动化以及操作简便化。

自动化立体仓储货架主要有焊接式货架和组合式货架两种基本形式。焊接式货架采用专用工业装置，对矩形管进行组装焊接，保证高精度；采用酸洗磷化除锈喷涂工艺保证美观；采用先进设计和安装，保证承载能力大、稳定性好。组合式货架的立柱和横梁采用连续轧制方式，生产率高，现场组合、装配、运输，使用便利。另外，按照存取货物的不同，可以分为托盘式和料盒两种；按照载货结构不同，可以分为横梁式和牛腿式两种；其他还有弯轨式和重力式等类型。

自动化立体仓库系统将发挥越来越重要的作用。可对集装单元货物出入、存储实现自动化保管的仓库，广泛应用于大型生产性企业的采购件、成品件仓库，以及流通领域的大型流通中心、配送中心等。

【实训目的】

1. 了解自动化立体仓库入库作业系统的基本构成。
2. 了解自动化立体仓库入库作业的基本流程。
3. 能独立分析自动化立体仓库的入库作业能力。
4. 掌握 Flexsim 仿真软件在自动化立体仓库入库作业系统仿真方面的各类应用方法。

【实训背景】

某企业拥有整套的自动化立体仓库作业系统，该自动化立体仓库的主要作用是为企业提供原材料的存储及生产供料，其仓库中的货物存储形式以包装箱整箱存储为主，供应商送达的整箱货物需要通过传送带送至自动化立体仓库入库口通过堆垛机进行上架。现该企业接到供应商送达的一批货物，共有四种类型，需要进行入库。

【实训内容】

(1) 该企业将供应商的四种货物执行入库作业，具体流程如图 2—71 所示。将供应商送达的四种货物 A、B、C、D 送至入货口后，由作业员将货物搬运至传送带，通过

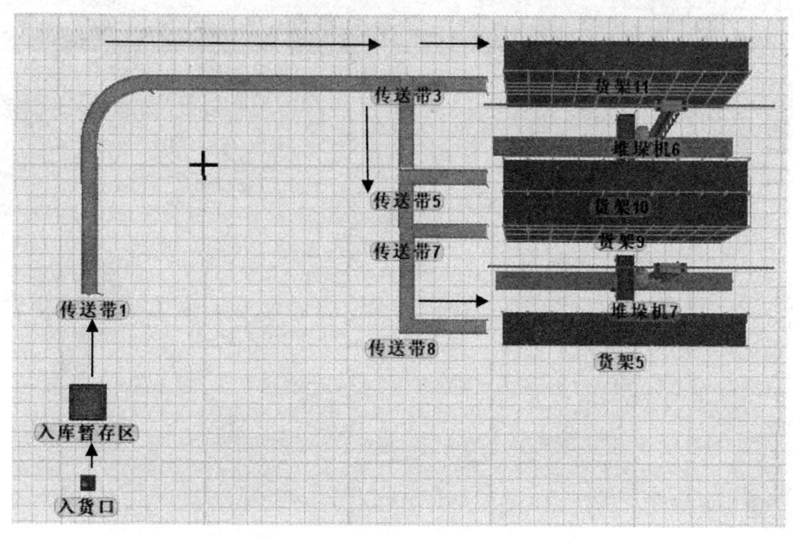

图 2—71　模型布局及流程示意图

传送带送至自动化立体仓库入库口，由堆垛机将不同的货物分别送至不同的货架存储。

（2）代表仓库入货口的发生器产生四种不同类型和颜色的临时实体，代表四种货物，按照规定的时间分布 exponential（0，20，0）送达，类型值分别为 1、2、3、4，系统随机设置四种不同的颜色。

（3）类型 1、2、3、4 的临时实体均被送至统一的入库暂存区，由作业员执行入库作业。

（4）货架要求 10 行 10 列，可存储 100 种货物，存储时要求从货架的第一行第一列开始存放，货架行高和列宽分别为 1.5 m 和 0.8 m。

（5）四种货物经传送带 1 送达入库口，要求货物 A 进入上方第一个货架存储，货物 B 进入上方第二个货架存储，货物 C、D 依次存入下面的货架。

（6）添加一个统计工具，实时统计作业员的工作忙闲率。

【实训步骤】

◇ 第一阶段　拖放实体

步骤 1：拖放实体

从实体库里拖出一个发生器放到模型视图区，方法是鼠标左键按住实体库中的发生器，拖动放到 3Dview 区，实体拖放效果如图 2—72 所示。

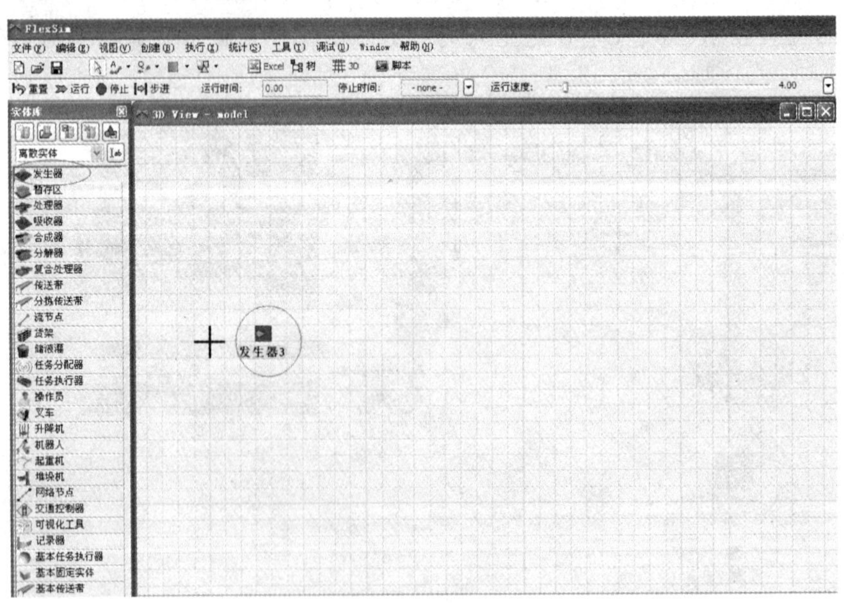

图 2—72　实体拖放效果图

步骤 2：拖放其余实体

把其余的实体拖到模型视图区中，实体拖放完整效果如图 2—73 所示。

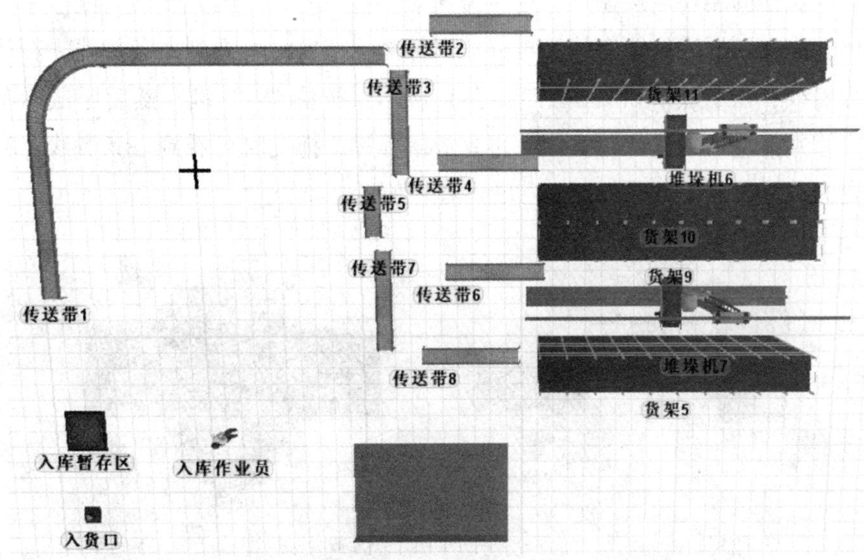

图 2—73　实体拖放完整效果图

步骤 3：实体名称修改及布局

对每个实体按照实际系统中的功能修改名称，修改名称完整效果如图 2—74 所示。

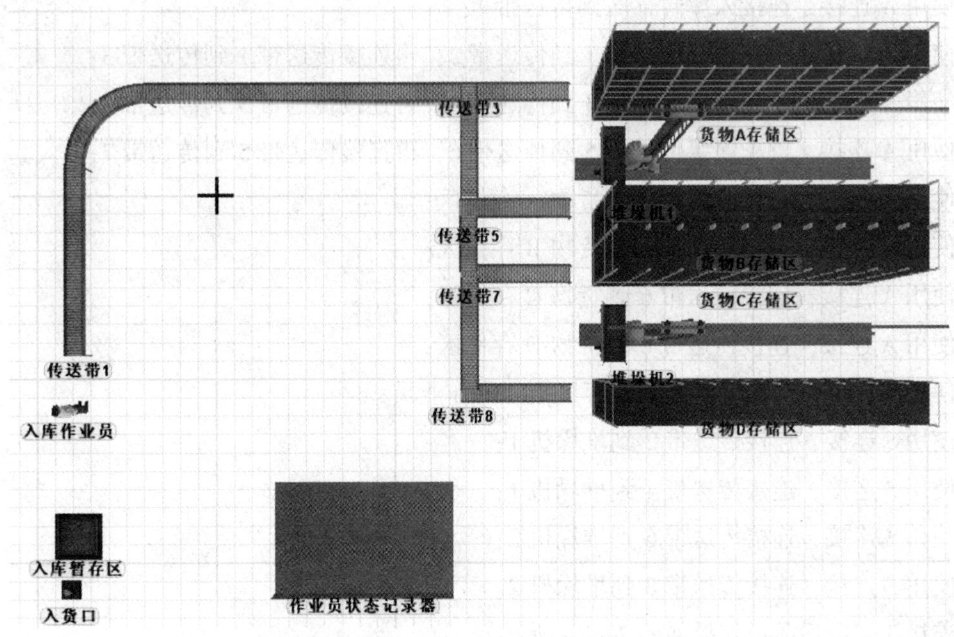

图 2—74　修改名称完整效果图

◇ 第二阶段 逻辑连线

步骤 4：连接端口

根据临时实体的路径连接端口，连接方法是：按住“A”键，然后用鼠标左键点击起始位置实体并拖曳到送达位置实体，再释放鼠标键，拖曳时可看到一条黄线，释放后逻辑连接线变为黑线，显示效果如图 2—75（左）所示；按住“S”键，然后用鼠标左键点击起始位置实体并拖曳到送达位置实体，再释放鼠标键，拖曳时可看到一条黄线，释放后逻辑连接线变为黑线，显示效果如图 2—75（右）所示。

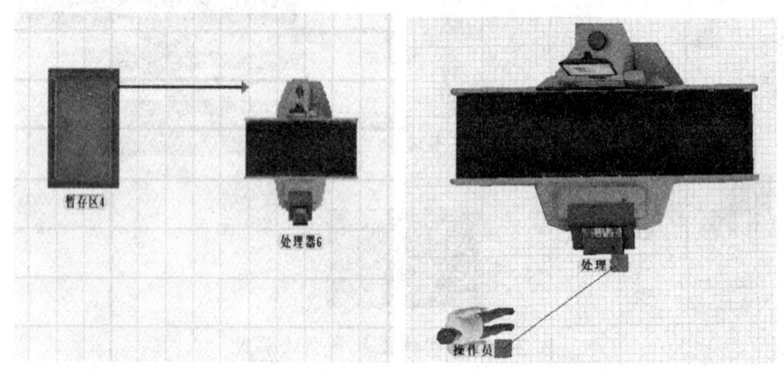

图 2—75 逻辑连线示意图

使用 A 连接，连接入货口到入库暂存区；

使用 A 连接，连接入库暂存区到传送带 1；

使用 A 连接，首先连接传送带 1 到传送带 2，再连接传送带 1 到传送带 3；

使用 A 连接，首先连接传送带 3 到传送带 4，再连接传送带 3 到传送带 5；

使用 A 连接，首先连接传送带 5 到传送带 6，再连接传送带 5 到传送带 7；

使用 A 连接，连接传送带 2 到货物 A 存储区；

使用 A 连接，连接传送带 4 到货物 B 存储区；

使用 A 连接，连接传送带 6 到货物 C 存储区；

使用 A 连接，连接传送带 8 到货物 D 存储区；

使用 S 连接，两次连接入库暂存区到入库作业员；

使用 S 连接，连接传送带 2 到堆垛机 1；

使用 S 连接，连接传送带 4 到堆垛机 1；

使用 S 连接，连接传送带 6 到堆垛机 2；

使用 S 连接，连接传送带 8 到堆垛机 2。

连接线完成后显示效果如图 2—76 所示。

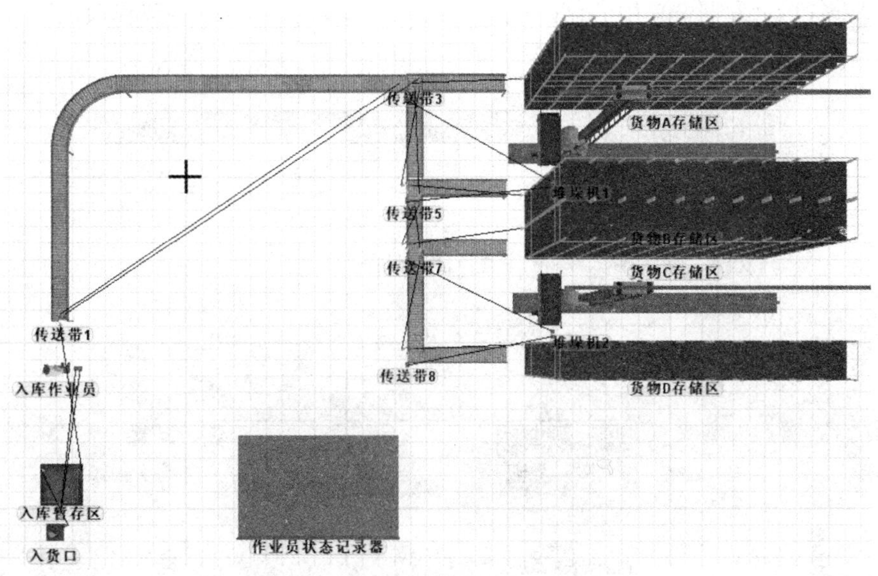

图 2—76　逻辑连线完整效果图

◇ **第三阶段　参数设置**

每个实体都有其特有的图形用户界面（GUI），通过此界面可将数据与逻辑加入模型中。双击实体可打开叫参数视窗的 GUI。

步骤 5：入货口参数设置

双击代表入货口的发生器打开它的参数视窗，将到达方式设置为“到达时间间隔”，到达时间间隔服从 exponential（0，20，0）的指数分布，具体如图 2—77 所示。

图 2—77　发生器选项卡设置示意图

设置入货口触发器选项中的创建触发，选择“设置临时实体类型和颜色”，具体如图2—78所示。

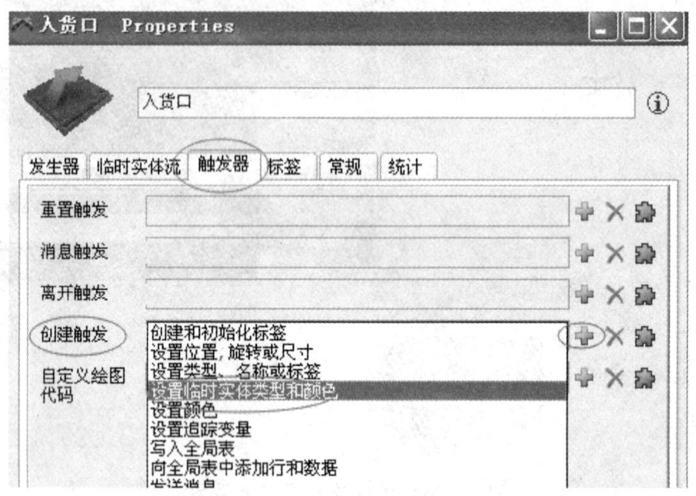

图2—78　触发器设置示意图

设置入货口的触发器，使系统随机产生四种类型货物，服从duniform（1，4）分布，具体如图2—79所示。

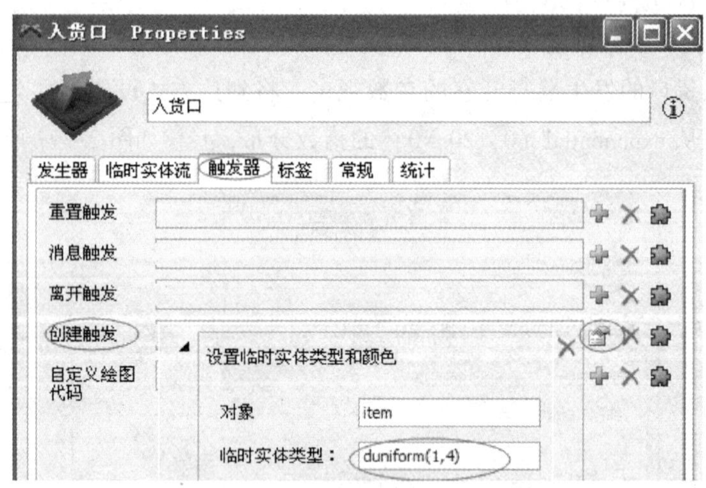

图2—79　临时实体种类设置示意图

步骤6：入库暂存区参数设置

对入库暂存区进行设置。主要参数按照系统默认设置。在货物到达入库暂存区后，需要作业员将货物搬运到组托点。具体调用操作员的方法是：双击“入库暂存区”，点击“临时实体流”选项卡，勾选“使用运输工具”选项，完成调用搬运工设置，具体如图2—80所示。

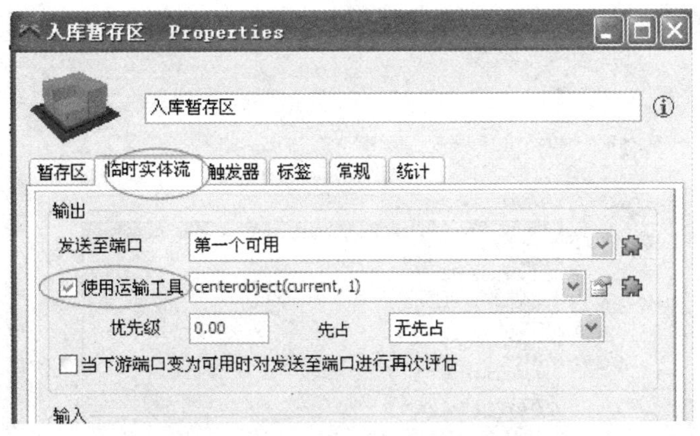

图 2—80 临时实体流设置示意图

步骤 7：作业员参数设置

双击“入库作业员”，设置触发器选项卡中的卸载触发，选择其中的“行进到实体”命令，实现命令操作员每完成一次搬运任务后均回到入库暂存区等待下一次搬运任务，具体如图 2—81 所示。

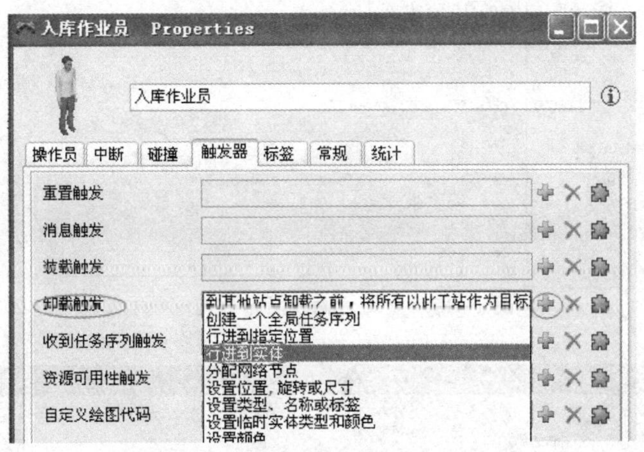

图 2—81 触发器设置示意图

步骤 8：传送带 1 参数设置

设置传送带 1 的“临时实体流”选项卡中的“发送至端口”选项，使类型为 1 的货物横向运动进入传送带 2，使类型为 2、3、4 的货物向下运动至传送带 3，具体如图 2—82 和图 2—83 所示。

步骤 9：传送带 3 参数设置

设置传送带 3 的“临时实体流”选项卡中的“发送至端口”选项，使类型为 2 的货物横向运动进入传送带 4，使类型为 3、4 的货物向下运动至传送带 5，具体如图 2—84 所示。

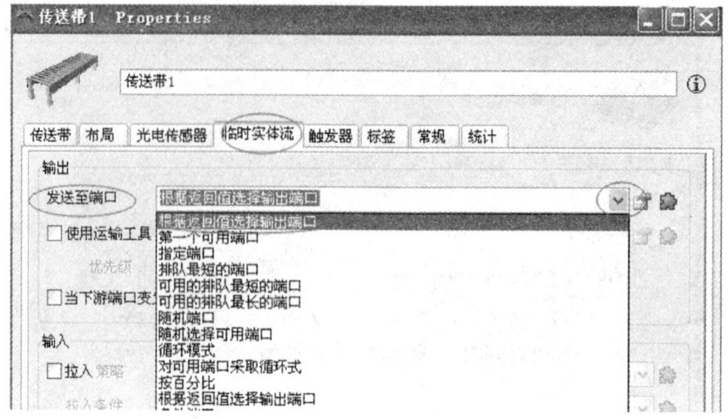

图 2—82　发送至端口设置示意图

图 2—83　发送方向设置示意图（一）

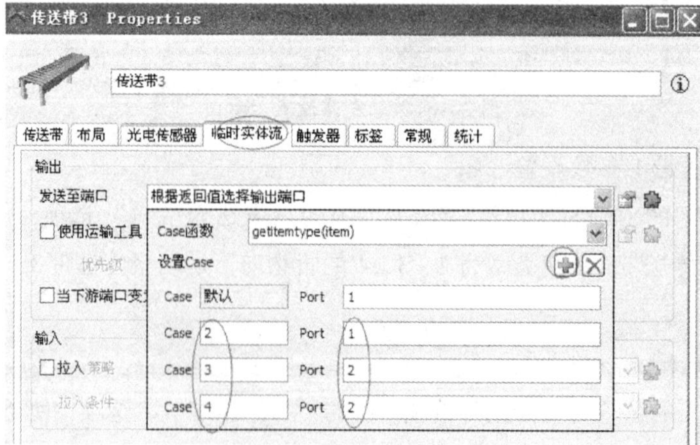

图 2—84　发送方向设置示意图（二）

步骤 10：传送带 5 参数设置

设置传送带 5 的“临时实体流”选项卡中的“发送至端口”选项，使类型为 3 的货物横向运动进入传送带 6，使类型为 4 的货物向下运动至传送带 7，具体如图 2—85 所示。

图 2—85　发送方向设置示意图（三）

步骤 11：传送带 2 参数设置

设置传送带 2 的“临时实体流”选项卡，勾选“使用运输工具”选项，调用堆垛机将传送带出口的货物搬运至货架中，传送带 4、传送带 6、传送带 8 的设置方法与传送带 2 相同，具体如图 2—86 所示。

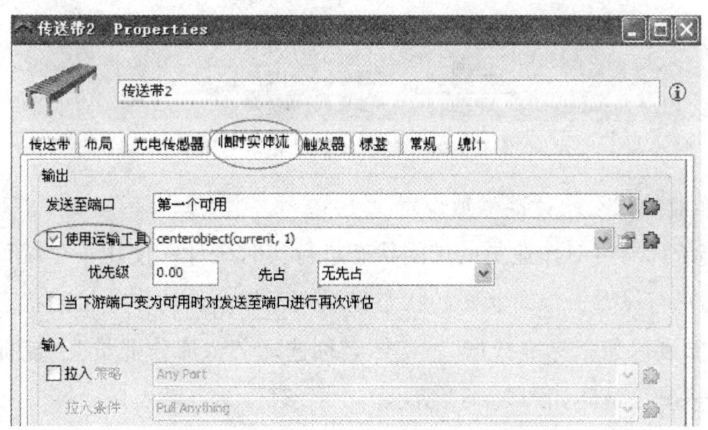

图 2—86　使用运输工具设置示意图

步骤 12：货物存储区参数设置

设置货物 A 存储区的“货架”选项卡，点击放置到列后面的下拉菜单，选择“第一个可用列”选项，点击放置到层后面的下拉菜单，选择“第一个可用层”选项，其中单个货格的最大容量设置为 1，具体如图 2—87 所示。

图 2—87　货物存储位置设置示意图

设置货物 A 存储区的“尺寸表格”选项卡，设置列宽为 1.5、层高为 0.8，然后点击“应用基本设置”完成设置，具体如图 2—88 所示。

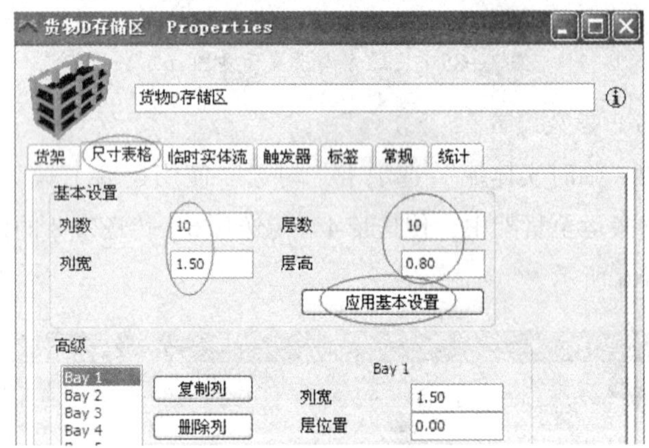

图 2—88　货位数量设置示意图

步骤 13：作业员状态统计器参数设置

作业员状态统计器可对作业员的忙闲状态进行实时统计。使用一个统计工具对入库作业员状态显示器进行设置，以饼状图的状态显示入库作业员的作业忙闲状态。双击“记录器”，将数据类型设置为“标准数据”，实体名称选择“入库作业员”，捕捉数据选择“状态”，确定设置情况，具体如图 2—89 所示。

◇ **第四阶段　模型运行**

经过以上过程的模型整体设置，可通过对模型重置后进行运行，操作方法是：单击仿真控制栏中的“重置”按钮，对设置好的模型重置后点击“运行”，观看仿真效果，具体如图 2—90 所示。

模型运行最终效果如图 2—91 所示。

图 2—89　作业员状态记录器设置示意图

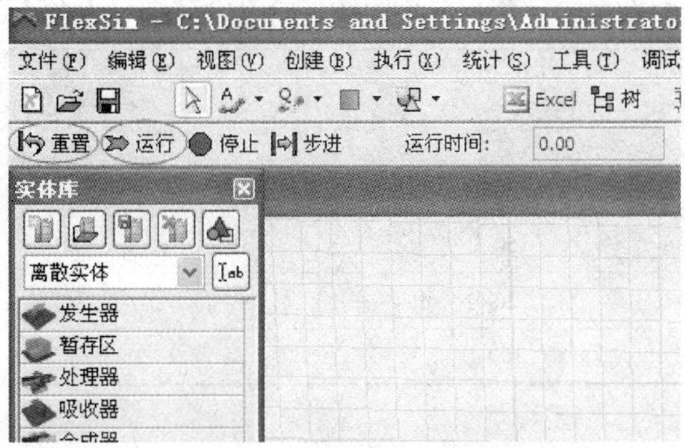

图 2—90　模型运行设置示意图

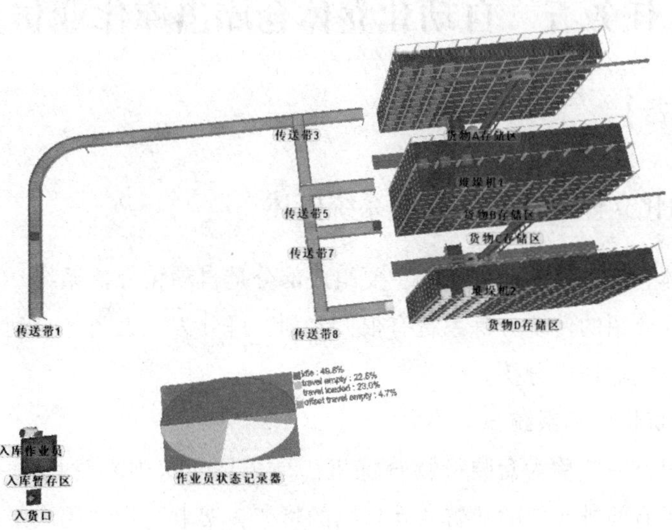

图 2—91　模型运行最终效果图

【思考练习】

1．重新启动 Flexsim 仿真软件，独立完整地完成上述模型。

2．分析该自动化立体仓库入库作业系统的入库作业能力。

3．根据模型演示效果，思考该模型对应的企业收货入库流程是否合理；如果不合理，分析存在哪些问题，试提出改善方案。

【实训评估】

实训报告撰写要求：根据本任务的实训内容，完成一篇针对该自动化立体仓库入库作业系统仿真模型的实训报告，对该系统作业流程进行说明，并对模型运行过程进行分析，说明该作业系统存在的优势或问题，并说明原因或解决方案，字数不限。

自动化立体仓库入库作业仿真实训考核表			
考核项目	分值	最终成绩	被考核人
出勤情况	30 分		
实训报告	50 分		
课堂表现情况	20 分		
合计	100 分		

任务五　自动化立体仓库出库作业仿真

【知识准备】

一、自动化立体仓库出库作业系统概述

自动化立体仓库出库作业系统的主要组成部分是自动化分拣系统。自动化分拣系统的分拣作业与前面介绍的传统分拣系统有很大差别，可分为三大类：自动分拣机分拣、机器人分拣和自动分类输送机分拣。

1．自动分拣机分拣系统

自动分拣机，一般称为盒装货物分拣机，是药品配送中心常用的一种自动化分拣设备。这种分拣机有两排倾斜的放置盒状货物的货架，架上的货物用人工按品种、规格分别分列堆码；货架的下方是皮带输送机；根据集货容器上条码的扫描信息控制货架上每列货

物的投放；投放的货物接装进集货容器，或落在皮带上由皮带输送进入集货容器。

2. 机器人分拣系统

与自动分拣机分拣相比，机器人分拣具有很高的柔性。

3. 自动分类输送机分拣系统

当供应商或货主通知配送中心按订单发货时，自动分拣系统在最短的时间内可从庞大的存储系统中准确找到要出库的商品所在的位置，并按所需数量、品种、规格出库。自动分类输送机分拣系统一般由识别装置、控制装置、分类装置、输送装置组成，需要自动存取系统（AS/RS）支持。

二、出库原则及注意事项

（1）只有符合财务制度要求的出库单据才能出库。坚决抵制不合法的单据（如白条）和不合法的做法（如电话通知、短信、传真），杜绝凭信誉出库，抵制特权人物的任意行为。

（2）出库凭证有涂改、复制、模拟，收货单位与提货人不一致，各种印鉴不合规定，超过提货有效期的单据，不能办理出库。单据重复打印出库等情况时，库管员应保持高度的警惕性，不能得过且过，要及时联系货主并查询单据的合法性。

（3）出库不能当天办完需要分批处理的，应该办理分批处理的手续。

（4）先备货、后复核、再发货。通过备货，业务人员可以预先了解是否缺货，是否有质量问题，是否可以调货，并提前解决问题或打印退货单，便于及时与客户沟通。库管员提前收到出库单、订单时，可以提前准备，提高出库工作效率，并且备完货后可以二次清点总数，检查是否漏配、是否多配，减少差错。

（5）复核人员须两人以上，用不同的方法复核，双人签字才能出库。

（6）先进先出。有批号要求的严格按批号发货，并在发货记录上登记批号的区间。当产品跨区域串货时，能够根据发货批号查到经销商。没有批号要求的按先进先出发货。同时要做到，保管条件差的先出，包装简易的先出，容易变质的先出，有保管期限的先出，循环回收的先出。

（7）对于近效期产品、失效产品、变质产品、没有使用价值的产品，在没有特殊批准的情况下坚决不能出库，应销毁或者作为废品处理的例外。不能以次充好。

（8）出现盘盈盘亏时，不能为了不被发现、不被处罚，就在发货入库时暗地里串货调整，给供应商和客户带来麻烦和损失。

（9）遇到处理销售、出口等紧急情况，仓储部的最高领导可以在职权范围内特事特办。如已经有出库单，但货不全或型号开错需要调货，这时再开返单重新出库会造成送货日期延迟，这就需要仓储部能灵活处理，在等值情况下，先调货发货后补手续，但库管员未经授权不能自行操作。

（10）未入库验收，未办理入库手续时，原则上暂缓发货。

（11）如果将出库凭证遗失，客户应及时向仓库和财务挂失，将原凭证作废，延缓发货；如果挂失前货物已经被冒领，保管员不承担责任。

【实训目的】

1. 了解自动化立体仓库出库作业系统的基本构成。
2. 了解自动化立体仓库出库作业的基本流程。
3. 能独立分析自动化立体仓库的出库作业能力。
4. 掌握 Flexsim 仿真软件在自动化立体仓库出库作业系统仿真方面的各类应用方法。

【实训背景】

在自动化立体仓库入库作业仿真中提到的企业，拥有整套的自动化立体仓库作业系统，执行完入库作业后需要根据该企业的实际生产或销售需求进行出库作业。现该企业接到客户订单，需要执行四种货物的出库作业，并按货物类型送至不同的暂存区等待取走使用。

【实训内容】

（1）该企业将库存中的三种货物执行出库作业，具体流程如图 2—92 所示。将三种货物 A、B、C 按照客户或生产现场需求执行出库作业，由堆垛机将货物从货架上取出搬运至传送带，通过传送带送至自动化立体仓库出库口，由出库作业员将不同的货物分别送至不同的出库暂存区。

（2）货物发生器产生三种不同类型和颜色的临时实体，代表三种货物，同时到达仓库，为后续出库作业提供货物支持，类型值分别为 1、2、3，系统随机设置三种不同颜色。

（3）类型 1、2、3 的临时实体被分别送至不同的出库暂存区，由作业员执行出库作业。

（4）货架要求 10 行 10 列，可存储 100 种货物，存储时要求从货架的第一行第一列开始存放，货架行高和列宽分别为 1.5 m 和 0.8 m。

（5）三种货物统一经分拣传送带 1 送达出库口，要求货物 A 进入出库暂存区 A，货物 B 进入出库暂存区 B，货物 C 进入出库暂存区 C。

（6）添加一个统计工具，实时统计作业员的工作忙闲率。

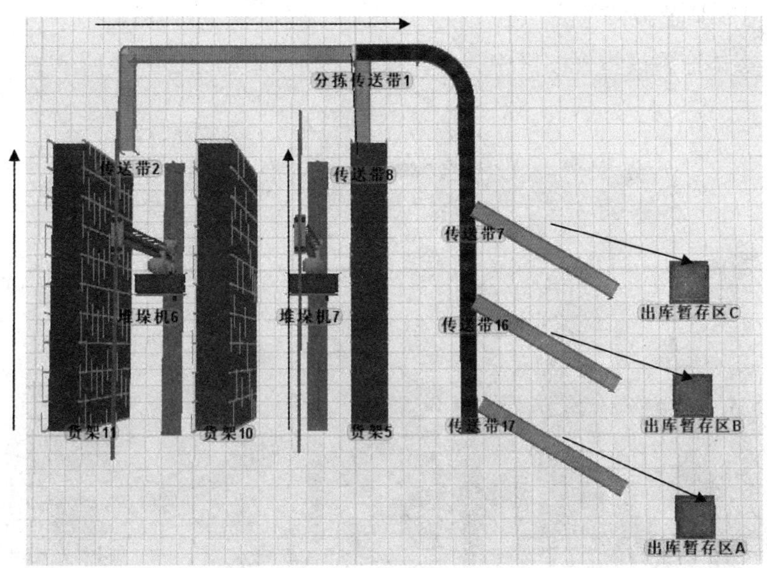

图 2—92 模型布局及流程示意图

【实训步骤】

◇ 第一阶段 拖放实体

步骤 1：拖放实体

从实体库里拖出一个发生器放到模型视图区，方法是鼠标左键按住实体库中的发生器，拖动放到 3Dview 区，实体拖放效果如图 2—93 所示。

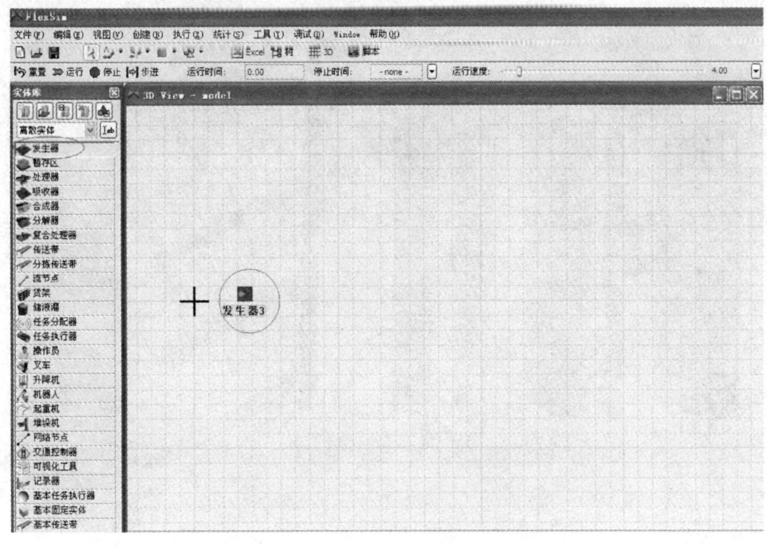

图 2—93 实体拖放效果图

步骤 2：拖放其余实体

把其余的实体拖到模型视图区中，实体拖放完整效果如图 2—94 所示。

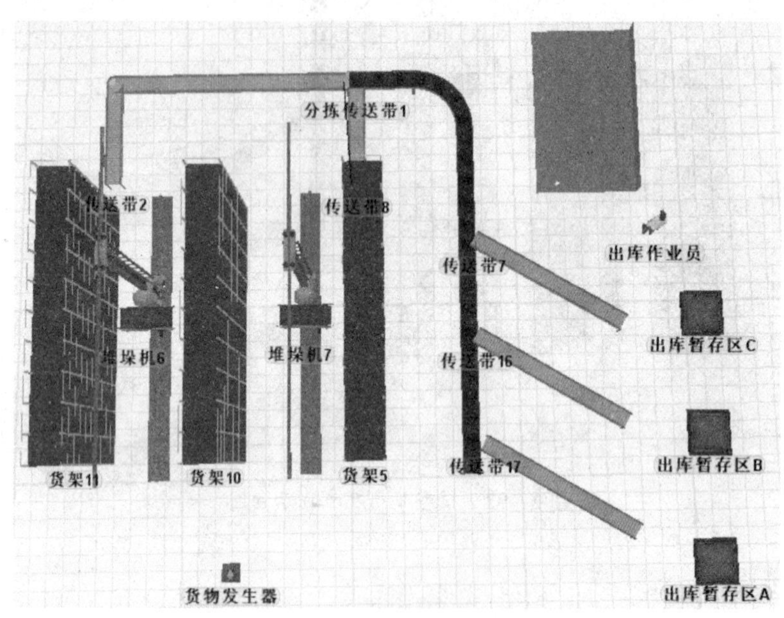

图 2—94　实体拖放完整效果图

步骤 3：实体名称修改及布局

对每个实体按照实际系统中的功能修改名称，修改名称完整效果如图 2—95 所示。

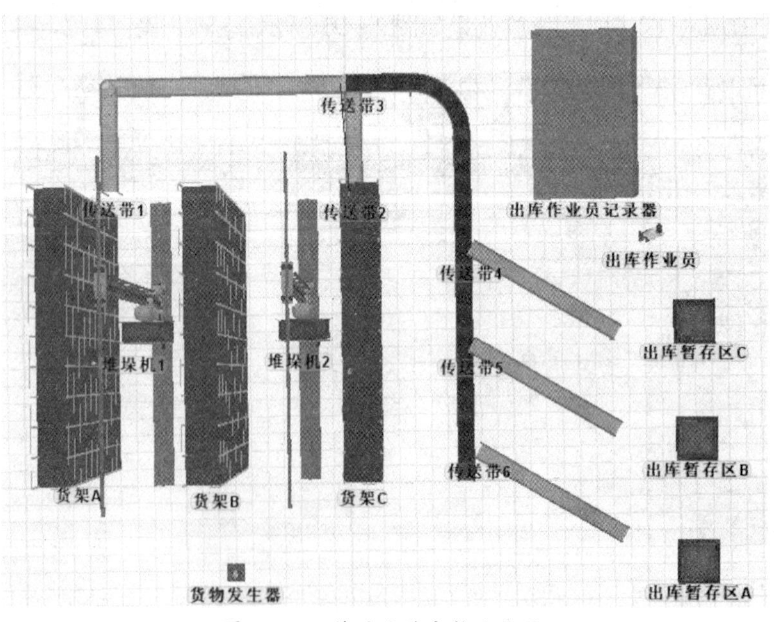

图 2—95　修改名称完整效果图

◇ **第二阶段　逻辑连线**

步骤4：连接端口

根据临时实体的路径连接端口，连接方法是：按住“A”键，然后用鼠标左键点击起始位置实体并拖曳到送达位置实体，再释放鼠标键，拖曳时可看到一条黄线，释放后逻辑连接线变为黑线，显示效果如图2—96（左）所示；按住“S”键，然后用鼠标左键点击起始位置实体并拖曳到送达位置实体，再释放鼠标键，拖曳时可看到一条黄线，释放后逻辑连接线变为黑线，显示效果如图2—96（右）所示。

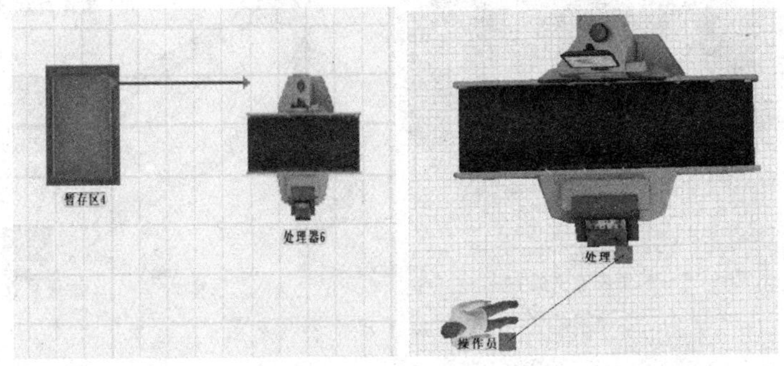

图2—96　逻辑连线效果图

使用A连接，连接货物发生器分别到货架A、货架B和货架C；

使用A连接，分别连接货架A、货架B到传送带1；

使用A连接，连接货架C到传送带2；

使用A连接，连接传送带1到传送带3，连接传送带2到传送带3；

使用A连接，按顺序分别连接传送带3到传送带4、传送带5和传送带6；

使用A连接，连接传送带4到出库暂存区C；

使用A连接，连接传送带5到出库暂存区B；

使用A连接，连接传送带6到出库暂存区A；

使用S连接，两次连接入库暂存区到入库作业员；

使用S连接，连接货架A到堆垛机1；

使用S连接，连接货架B到堆垛机1；

使用S连接，连接货架C到堆垛机2；

使用S连接，分别连接传送带4、5、6到出库作业员。

连接线完成后显示效果如图2—97所示。

◇ **第三阶段　参数设置**

每个实体都有其特有的图形用户界面（GUI），通过此界面可将数据与逻辑加入模型中。双击实体可打开叫作参数视窗的GUI。

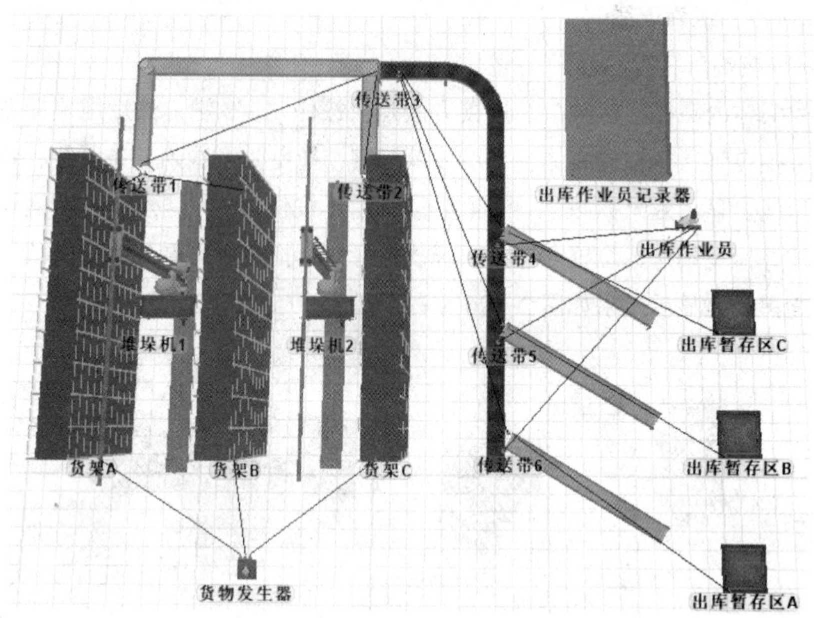

图 2—97　逻辑连线完整效果图

步骤 5：货物发生器参数设置

双击代表入货口的货物发生器，打开它的参数视窗，将到达方式设置为“到达序列”，具体如图 2—98 所示。

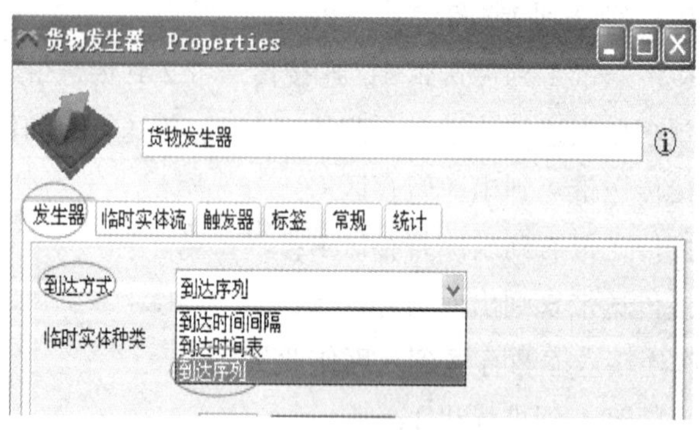

图 2—98　发生器选项卡设置示意图

设置货物发生器瞬间产生三种货物类型，每种类型货物各 100 个，将到达次数设置为 3，点击刷新到达，更改表格中的 ItemType 和 Quantity 选项，具体如图 2—99 所示。

设置货物发生器的触发器，使系统为随机产生的三种货物设定三种颜色，点击离开触发中的“设置颜色”，具体如图 2—100 所示。

设置货物发生器的临时实体流选项，使系统随机产生的三种货物类型分别发送到三个不同的货架进行存储，点击发送至端口的“指定端口”命令，具体如图 2—101 所示。

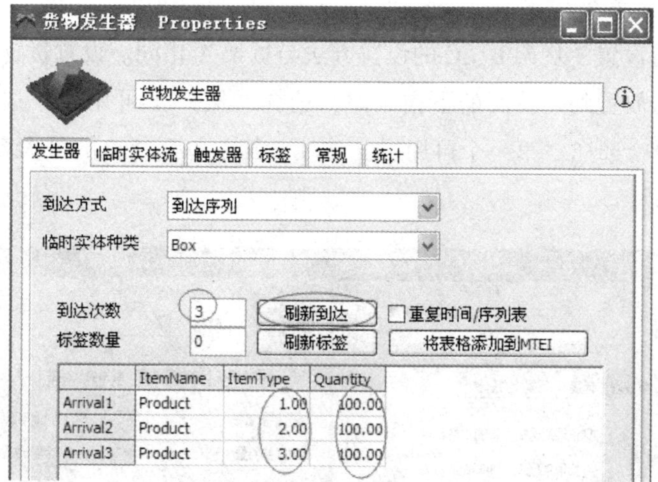

图 2—99　到达时间表设置示意图

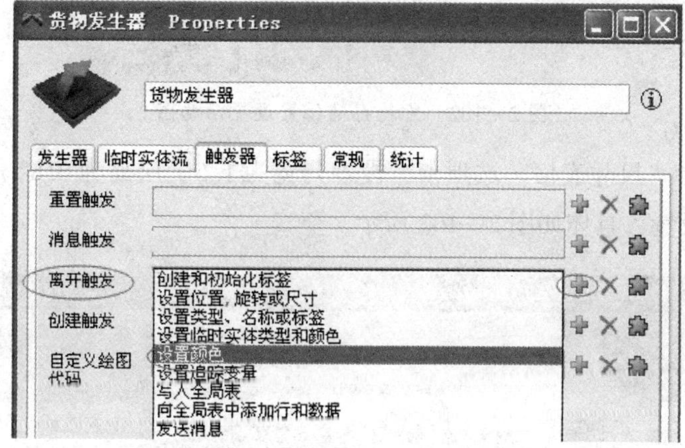

图 2—100　触发器设置示意图

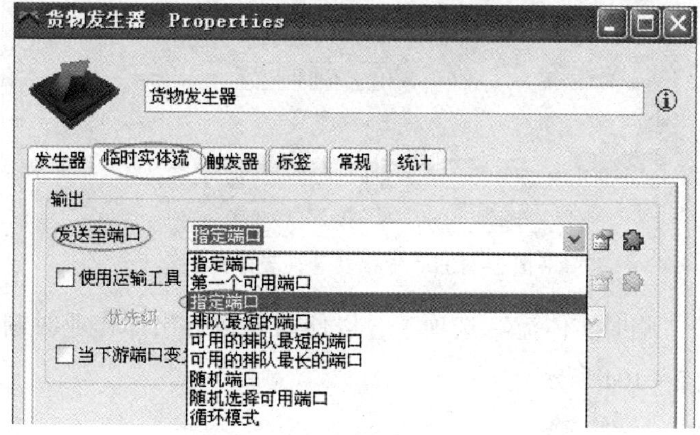

图 2—101　发送至端口设置示意图

步骤6：货架A参数设置

对货架A进行设置，货架B、C的设置方法与货架A相同。设置货物A存放区的“货架”选项卡，点击放置到列后面的下拉菜单，选择“第一个可用列”选项，点击放置到层后面的下拉菜单，选择“第一个可用层”选项，其中单个货格的最大容量设置为1，具体如图2—102所示。

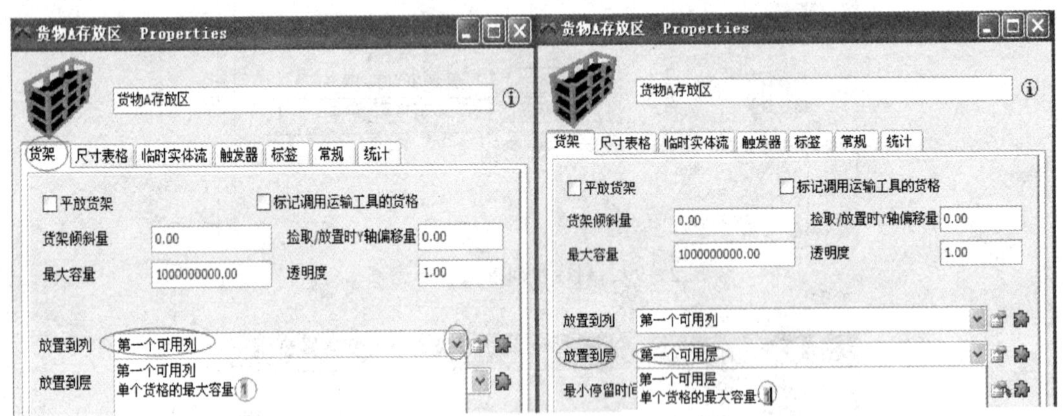

图2—102　货物存储位置设置示意图

设置货架A的“尺寸表格”选项卡，设置列宽为1.5、层高为0.8，然后点击“应用基本设置”完成设置，具体如图2—103所示。

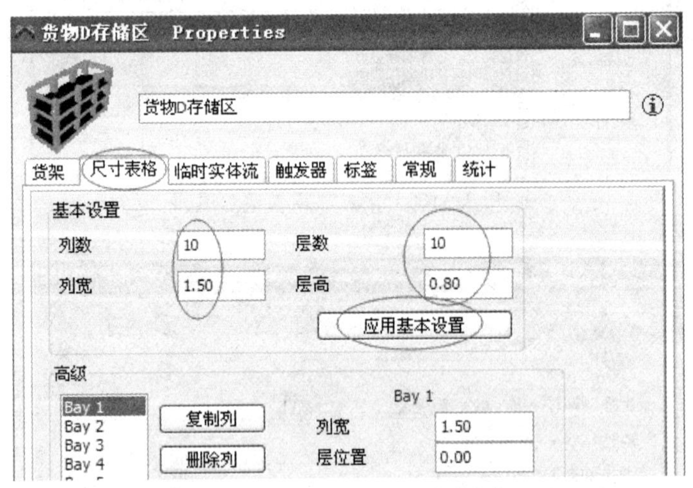

图2—103　货位数量设置示意图

设置货架A的“临时实体流”选项卡，以便需要执行出库作业时调用堆垛机执行出库作业，具体如图2—104所示。

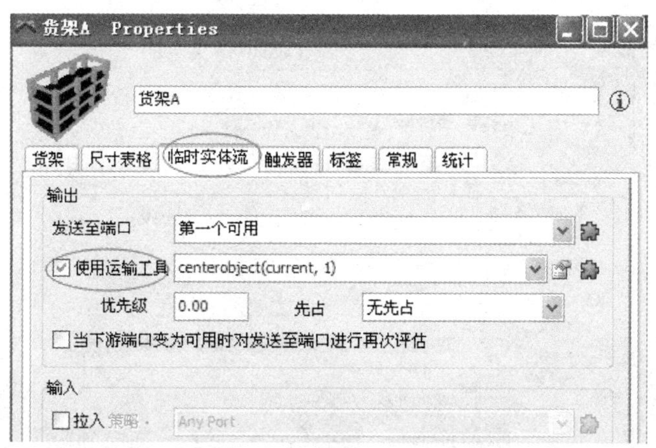

图 2—104 使用运输工具设置示意图

步骤 7：传送带 1 参数设置

设置传送带 1 的布局选项卡，通过添加命令及类型、长度、角度、半径等选项完成设置，具体如图 2—105（左）所示。将传送带 1 设置为图 2—105（右）所示的形状。

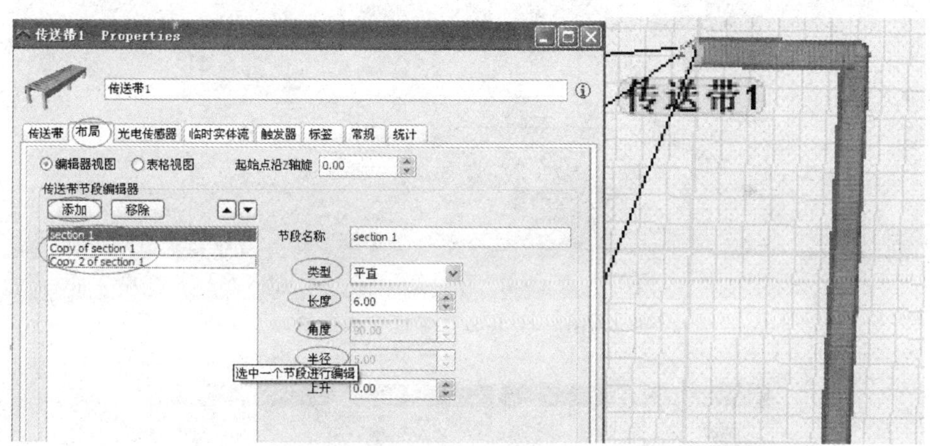

图 2—105 传送带布局设置示意图

设置传送带 1 的“临时实体流”选项卡中的“拉入策略”，使货架 A 的货物和货架 B 的货物依次交替出库，通过堆垛机送至传送带 1，具体如图 2—106 所示。

步骤 8：分拣传送带 3 参数设置

设置分拣传送带 3 的“临时实体流”选项卡，设置 Output 中的 Exit Point 值，分别表示三种类型货物从分拣传送带分拨下来的位置，具体如图 2—107 所示。

步骤 9：传送带 4 参数设置

设置传送带 4 的“临时实体流”选项卡中的“拉入策略”，使类型为 3 的货物从传送带 4 的入口处分拨出来，进入出库暂存区 C，具体如图 2—108 所示。

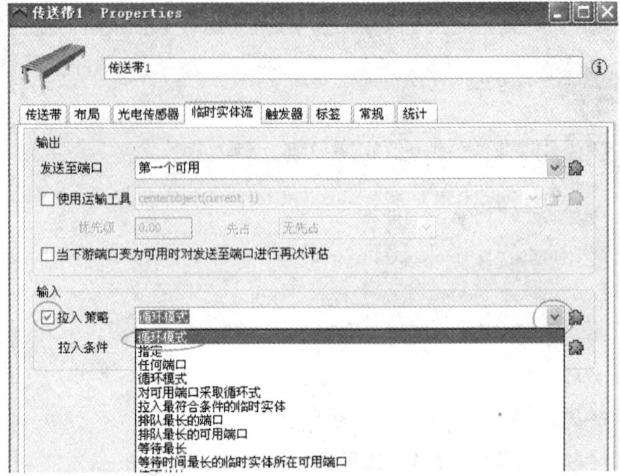

图 2—106　下游拉入策略设置示意图

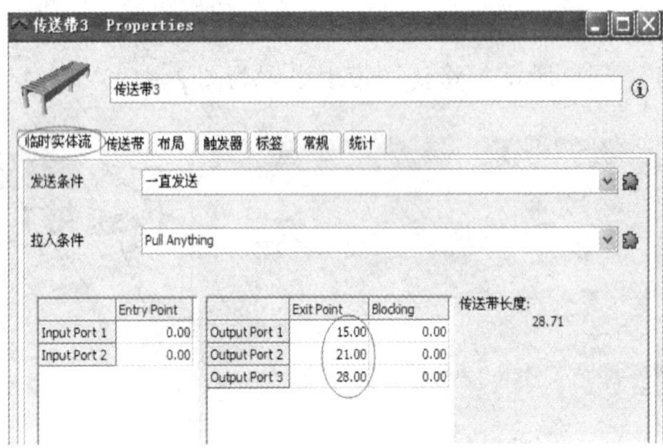

图 2—107　分拣口位置设置示意图

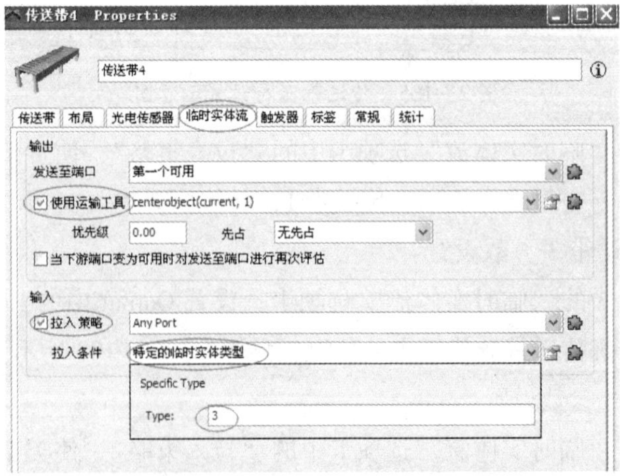

图 2—108　下游拉入实体类型设置示意图

步骤10：传送带5参数设置

设置传送带5的“临时实体流”选项卡中的“拉入策略”，使类型为2的货物从传送带5的入口处分拨出来，进入出库暂存区B，具体如图2—109所示。

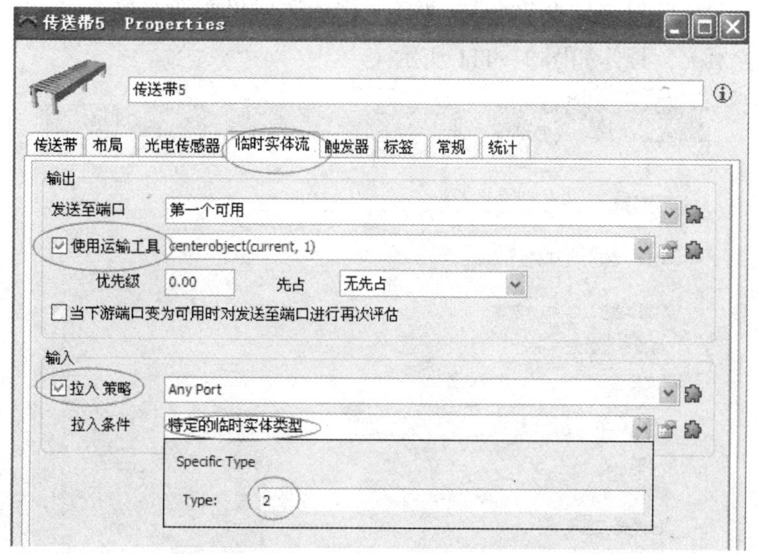

图2—109 下游拉入实体类型设置示意图

步骤11：传送带6参数设置

设置传送带6的“临时实体流”选项卡中的“拉入策略”，使类型为1的货物从传送带6的入口处分拨出来，进入出库暂存区A，具体如图2—110所示。

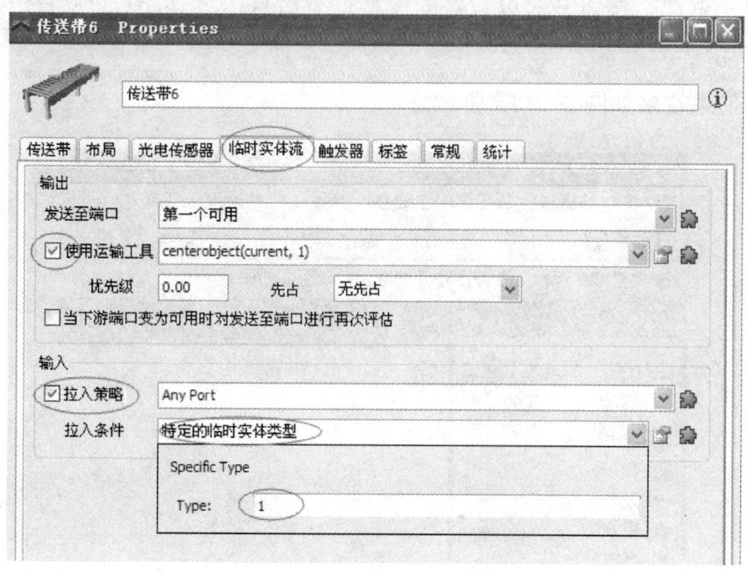

图2—110 下游拉入实体类型设置示意图

步骤 12：作业员状态统计器参数设置

作业员状态统计器可对作业员的忙闲状态进行实时统计。使用一个统计工具对出库作业员状态显示器进行设置，以饼状图的状态显示出库作业员的作业忙闲状态。双击“记录器”，将数据类型设置为“标准数据”，实体名称选择“出库作业员”，捕捉数据选择“状态”，确定设置情况，具体如图 2—111 所示。

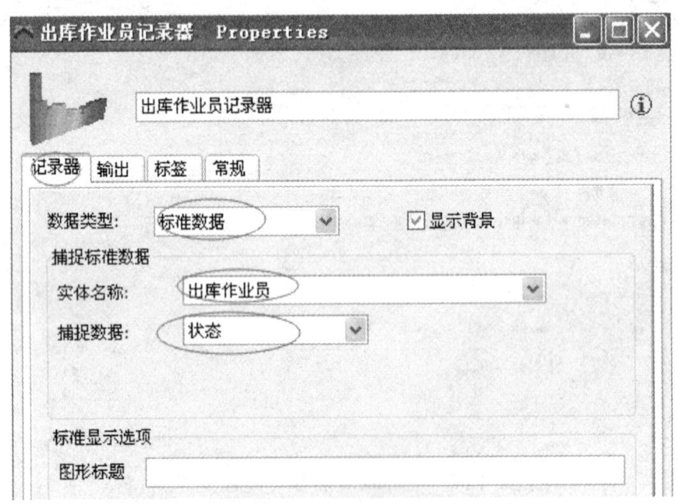

图 2—111 作业员状态记录器参数设置示意图

◇ **第四阶段 模型运行**

经过以上过程的模型整体设置，可通过对模型重置后进行运行。操作方法是：单击仿真控制栏中的“重置”按钮，对设置好的模型重置后点击“运行”，观看仿真效果，具体如图 2—112 所示。

模型运行最终效果如图 2—113 所示。

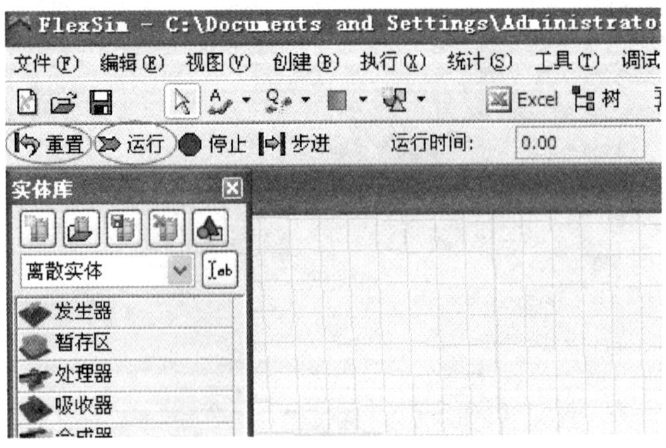

图 2—112 模型运行设置示意图

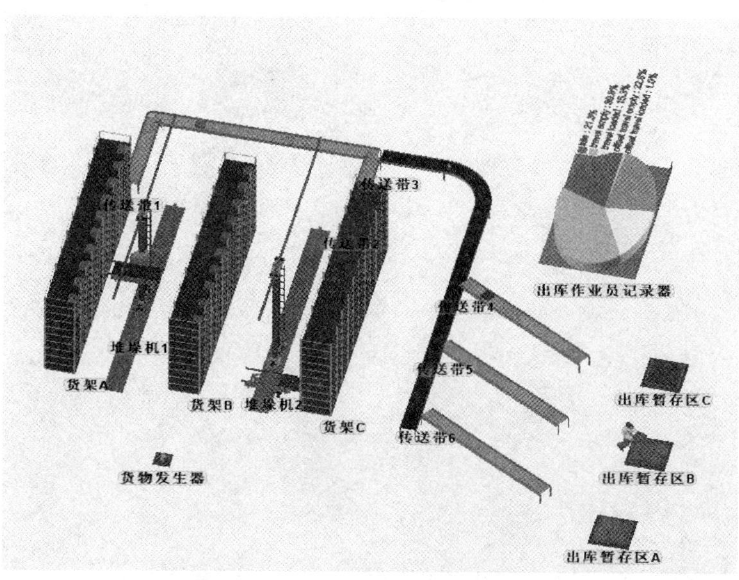

图 2—113　模型运行最终效果图

【思考练习】

1. 重新启动 Flexsim 仿真软件，独立完整地完成上述模型。

2. 分析该自动化立体仓库出库作业系统的出库作业能力。

3. 根据模型演示效果，思考该模型对应的企业出库流程是否合理；如果不合理，分析存在哪些问题，试提出改进方案。

【实训评估】

实训报告撰写要求：根据本任务的实训内容，完成一篇针对自动化立体仓库出库作业系统仿真模型的实训报告，对该系统作业流程进行说明，并对模型运行过程进行分析，说明该作业系统存在的优势或问题，并说明原因或解决方案，字数不限。

自动化立体仓库出库作业仿真实训考核表			
考核项目	分值	最终成绩	被考核人
出勤情况	30 分		
实训报告	50 分		
课堂表现情况	20 分		
合计	100 分		

项目三

生产物流作业系统仿真

任务一　单件生产物流系统作业仿真

【知识准备】

生产物流是指原材料、燃料、购件投入生产后，经过下料、发料，运送到各加工点和存储点，以在制品的形态，从一个生产单位（仓库）流入另一个生产单位，按照规定的工艺过程进行加工、储存，借助一定的运输装置，在某个点内流转，又从某个点内流出，始终体现着物料实物形态的流转过程。生产物流起于原材料等的购入，止于成品库；生产物流和生产流程同步，是从原材料购进开始直到产成品发送为止的全过程的物流活动。原材料、半成品等按照工艺流程在各个加工点之间不停顿地移动、转移，形成了生产物流。它是制造产品的生产企业所特有的活动，如果生产中断了，生产物流也就随之中断了。这种物流活动是与整个生产工艺过程伴生的，实际上已经构成了生产工艺过程的一部分。过去人们在研究生产活动时，主要关注一个又一个的生产加工过程，而忽视了将每一个生产加工过程串在一起且与每一个生产加工过程同时出现的物流活动。例如，不断离开上一道工序、进入下一道工序，便会不断发生搬上搬下、向前运动、暂时停止等物流活动。实际上，一个生产周期，物流活动所用的时间远多于实际加工的时间，所以，企业生产物流研究的潜力，以及时间节约的潜力、劳动节约的潜力是非常大的。

生产物流的发展历经了人工物流、机械化物流、自动化物流、集成化物流以及智能化物流五个阶段。

【实训目的】

1. 了解简单生产物流系统的基本构成。
2. 了解单件生产物流系统的基本流程。
3. 掌握 Flexsim 仿真软件在单件生产物流系统仿真方面的应用方法。

【实训背景】

某生产制造企业是以制造小型电子设备为主，使用三种原材料生产三种产品。现该公司接到客户订单需要安排三种产品的生产任务，公司安排三名生产作业人员分别负责三种产品的生产工作。

【实训内容】

（1）该公司是一家制造企业，使用三种原材料生产三种产品，从库房取出原材料后送至生产暂存区，原材料 A、B、C 均被送至加工暂存区；原材料 A、B、C 分别通过设备 1、2、3 进行加工，由生产作业员 1、2、3 分别操作三台设备。

（2）代表仓库出库口的发生器产生三种不同类型和颜色的临时实体，代表三种原材料，按照规定的时间送达规定的数量，类型值分别为 1、2、3，系统随机设置三种不同的颜色。

（3）作业员 1 从加工暂存区搬运原材料 A 到设备 1 进行加工作业，作业员 2 从加工暂存区搬运原材料 B 到设备 2 进行加工作业，作业员 3 从加工暂存区搬运原材料 C 到设备 3 进行加工作业，每台设备加工一个产品的时间均服从 exponetial（0，10，0）。

（4）添加两个统计工具，分别实时统计加工暂存区的实时原材料库存和作业员 1 的工作忙闲率。

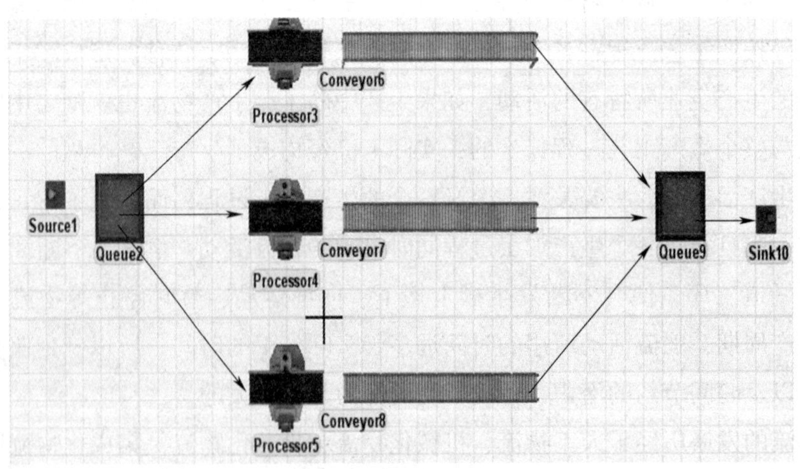

图 3—1　模型布局及作业流程示意图

【实训步骤】

◇ 第一阶段　模型运行

步骤 1：拖放实体

拖放 1 个 Source、2 个 Queue、3 个 Processor、3 个 Conveyor、1 个 Sink，实体拖放效果如图 3—2 所示。

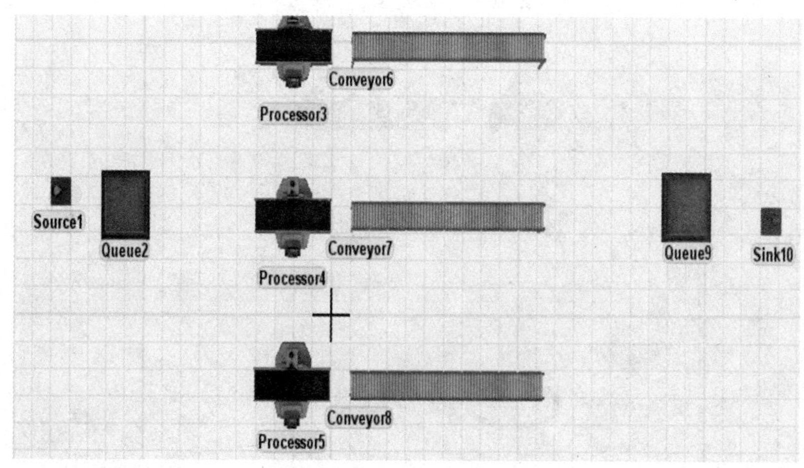

图 3—2　实体拖放效果图

步骤 2：连接端口

根据临时实体的路径连接端口。连接过程是：按住“A”键，然后用鼠标左键点击发生器（Source）并拖曳到暂存区（Queue），再释放鼠标键。拖曳时将看到一条黄线，释放时变为黑线，接下来大的一系列连线与此相同。然后从 Queue 分别连接到三个处理器（Processor），三个处理器分别连接到后面对应的三个传送带（Conveyor），三个传送带分别向后连接到暂存区（Queue9），暂存区再连接到吸收器（Sink10）。逻辑连线完整效果如图 3—3 所示。

步骤 3：详细定义模型

定义 Source1，产生三种类型三种颜色的原材料，具体操作如下：双击“Source1”，打开“Triggers”选项卡，点击 OnCreation 后面的加号，点击 Set Itemtype and Color 进行设置，具体如图 3—4 所示。

定义 Queue2，控制 Source1 中产生的三种不同类型不同颜色的实体的流向，使三种类型分别到三个不同处理器进行加工，具体操作如下：双击“Queue2”，打开“Flow”选项卡，点击 Send To Port 后面的倒三角符号，点击 By Expression 进行设置，具体如图 3—5 所示。

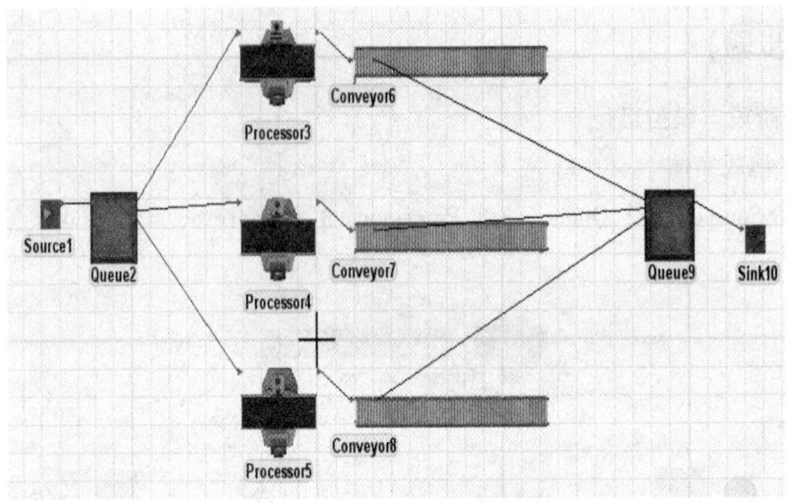

图 3—3　逻辑连线完整效果图

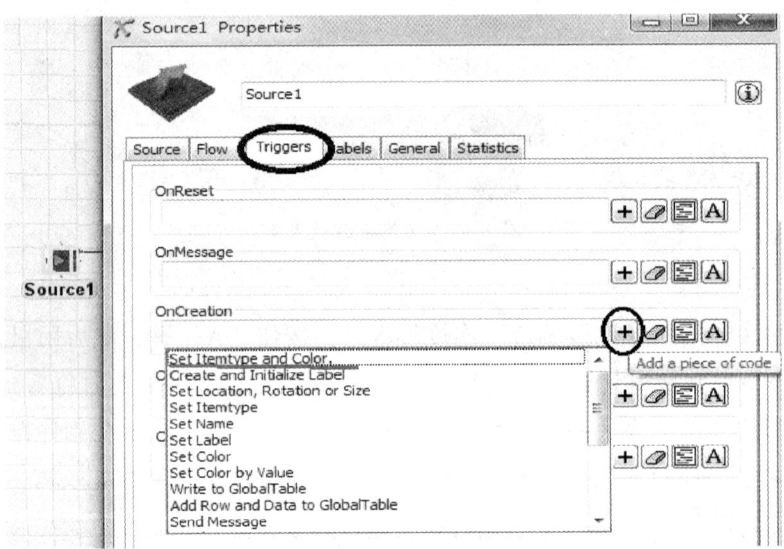

图 3—4　触发器设置示意图

其运行效果如图 3—6 所示，三种类型的原材料分别去往三个不同的设备。

◇ **第二阶段　添加搬运及操作工人**

步骤 4：添加搬运人员

首先，拖入 1 个 Dispatcher（任务分配器）、3 个 Operator，进行连线，连接过程是：按住“S”键，然后用鼠标左键点击暂存区器（Queue）并拖曳到任务分配器（Dispatcher），再释放鼠标键。拖曳时将看到一条黄线，释放时变为黑线。接下来按住“A”键，左键点击任务分配器（Dispatcher）并分别拖曳到 3 个操作员（Operator）。连线后的效果如图 3—7 所示。

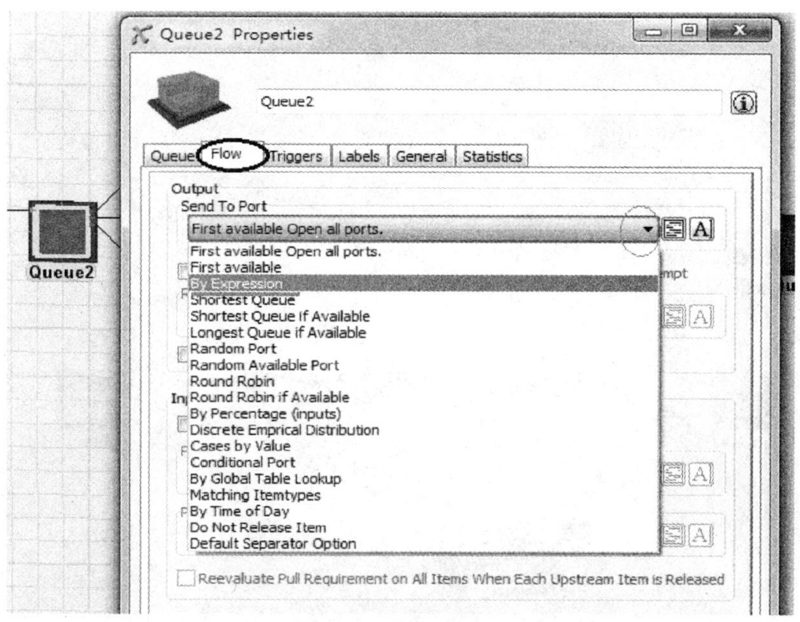

图 3—5　发送至端口设置示意图

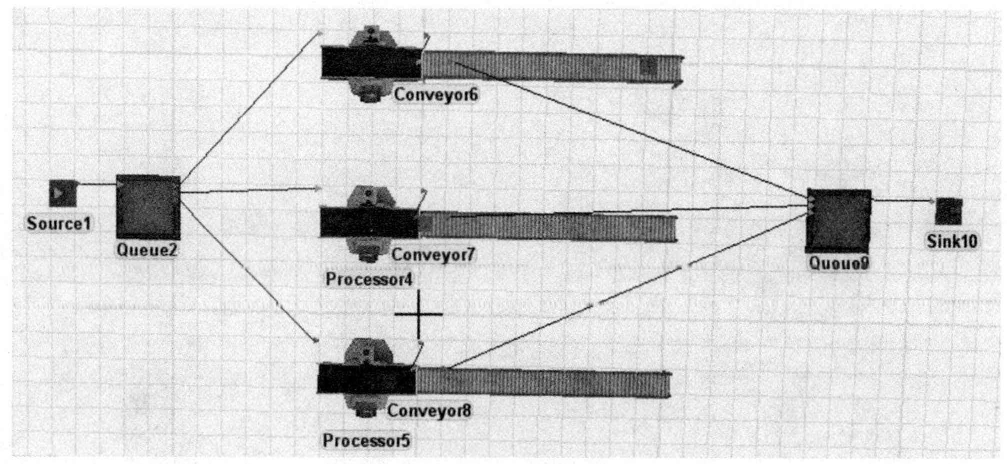

图 3—6　运行效果图

步骤 5：暂存区（Queue）使用搬运人员设置

操作方法如下：双击“Queue2”，打开“Flow”选项卡，勾选“Use Transport”选项，完成设置，具体如图 3—8 所示。

设置后的运行效果如图 3—9 所示。

步骤 6：处理器（Processor）使用操作人员设置

本步骤的目的是实现调 Operator（操作人员）进行零件加工前的安装到机器工作（Setup）以及操作机器加工零件动作（Process）。

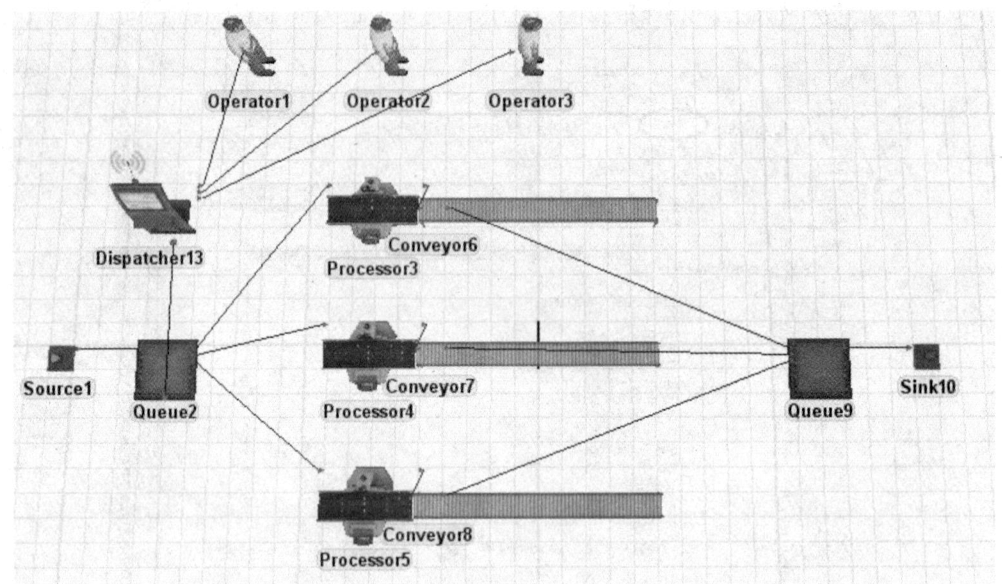

图 3—7 添加搬运人员效果图

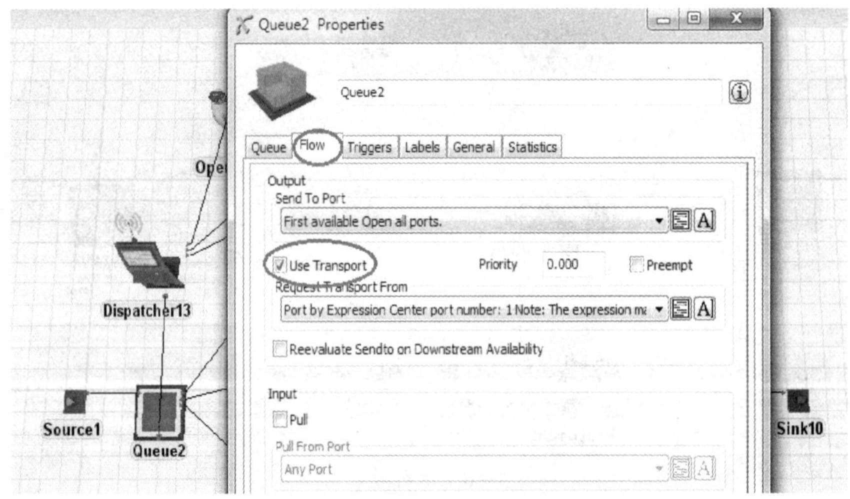

图 3—8 使用运输工具设置示意图

首先进行连线操作，按住“S”键，左键单击 Processor3（处理器 3），拖动至 Dispatcher（任务分配器），其他两个 Processor（处理器）均执行此操作。连线后的效果如图 3—10 所示。

然后进行详细设置，具体操作如下：双击“Processor3（处理器）”，打开 Processor 选项卡，勾选“Use Operator（s）for Setup”以及“Use Operators（s）for Process”选项，具体如图 3—11 所示。

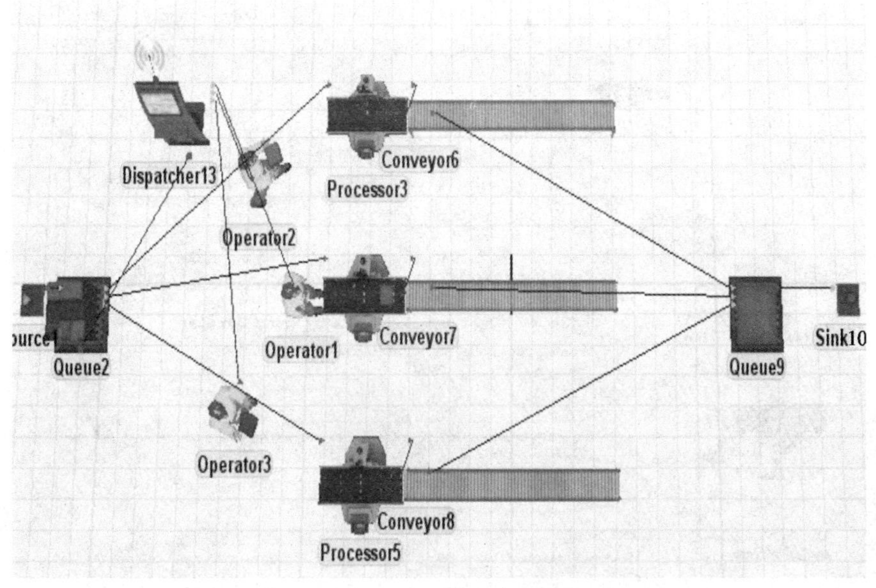

图 3—9　设置流向效果图

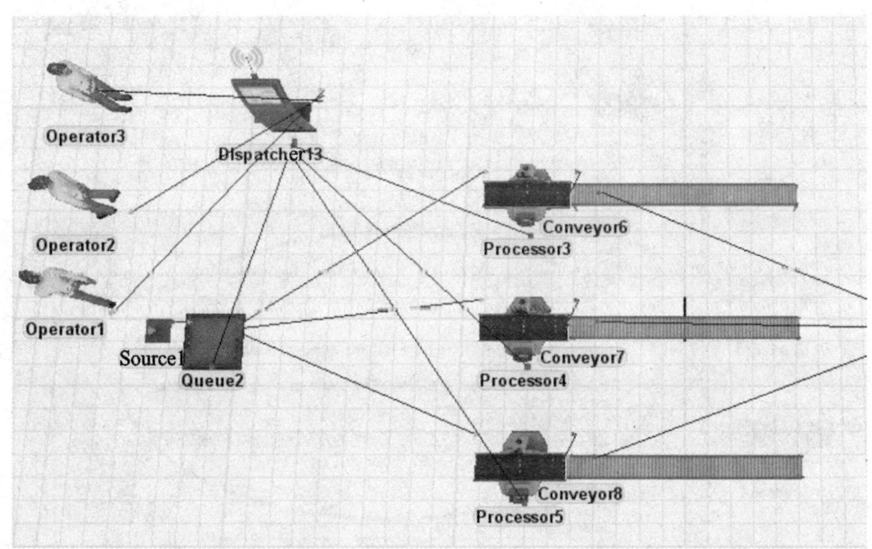

图 3—10　调用操作人员连线效果图

设置安装原材料到机器及加工原材料需要的时间，具体如图 3—12、图 3—13 所示。

最后，为每个处理器（Processor）指定一个专门的操作人员，即三个操作人员操作哪台处理器（Processor）是固定的。具体操作如下：点击“Pick Operator”，选中“By name”，点击“Operatorl”完成设置，具体如图 3—14 所示。重复此操作，将另外两个 Operator 分别分配给另两个 Processor（处理器）。

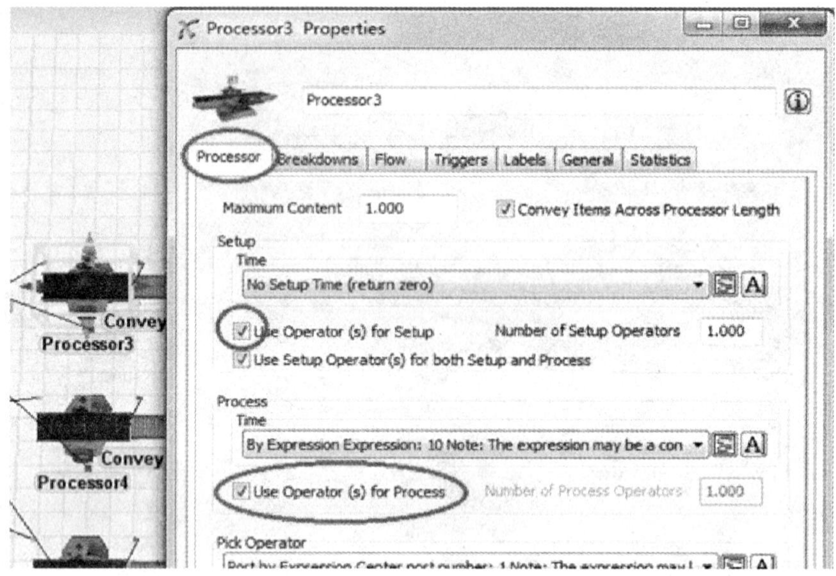

图 3—11　使用操作人员设置示意图

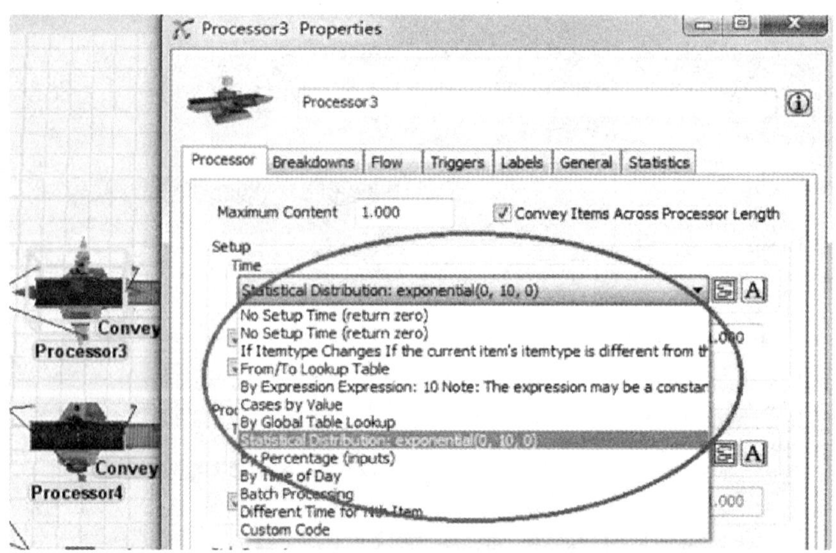

图 3—12　原材料处理时间设置示意图

最终运行效果如图 3—15 所示。

◇ **第三阶段　使用统计工具——Recorder（记录器）**

本阶段的学习目的是利用 Recorder 模块统计模型中实体的状态。例如，操作人员的忙闲率、暂存区堆放物料等信息。

步骤 7：统计操作人员忙闲状态

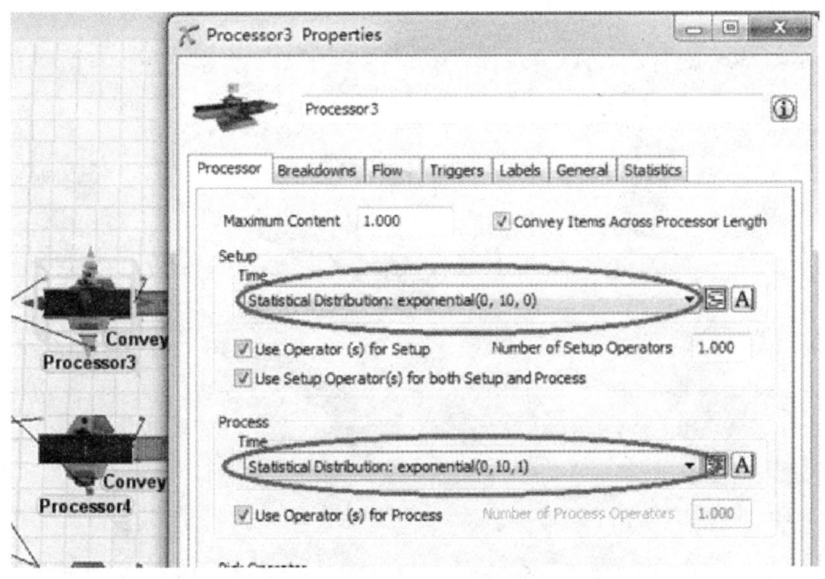

图 3—13　预置及处理时间设置示意图

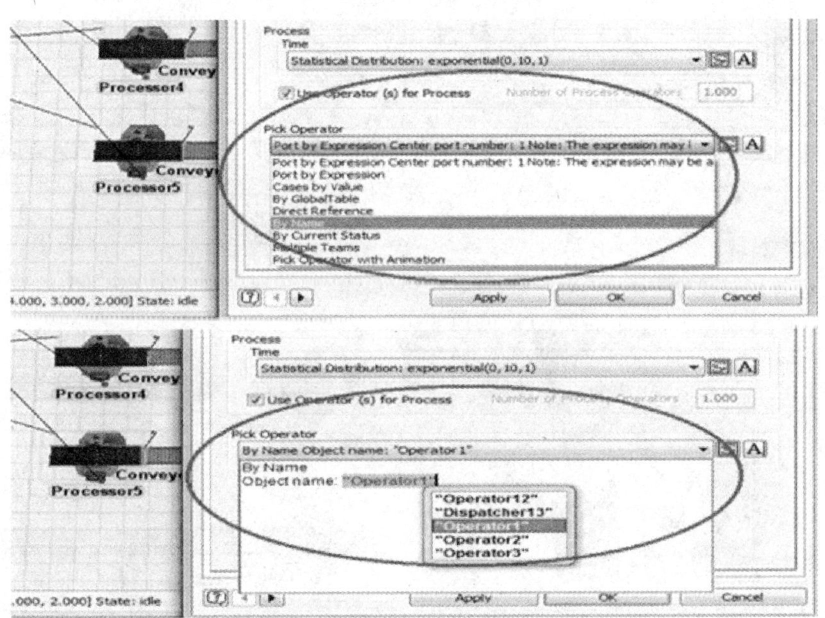

图 3—14　指定操作人员设置示意图

在统计之前，先要使被统计对象处于可被统计状态。操作方法如下：按住 Shift 键，左键点击要统计的对象 Operator1（操作员 1），这时 Operator1（操作员 1）被红色方框框住，然后单击软件上方选项“Statistics”，勾选“Full History On”选项，选择“Object Graph Data”点击“Selected Objects On”完成设置，具体如图 3—16 所示。

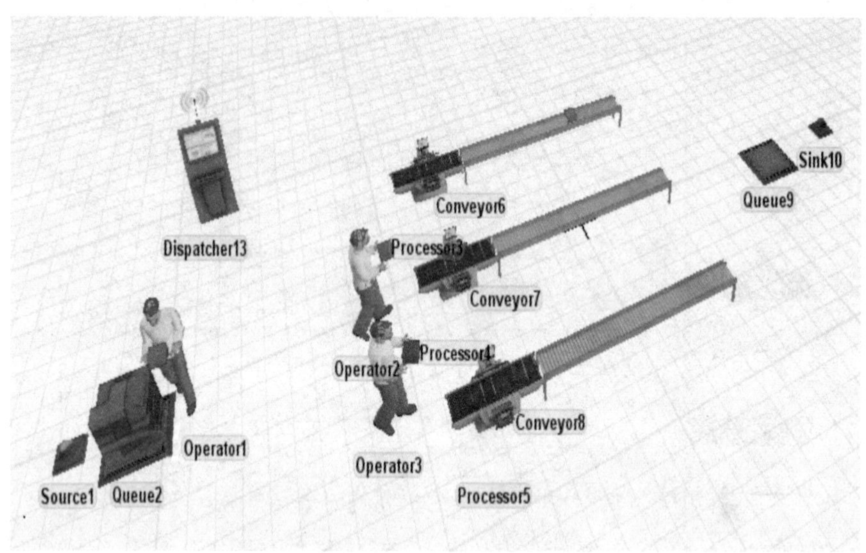

图 3—15　运行效果图

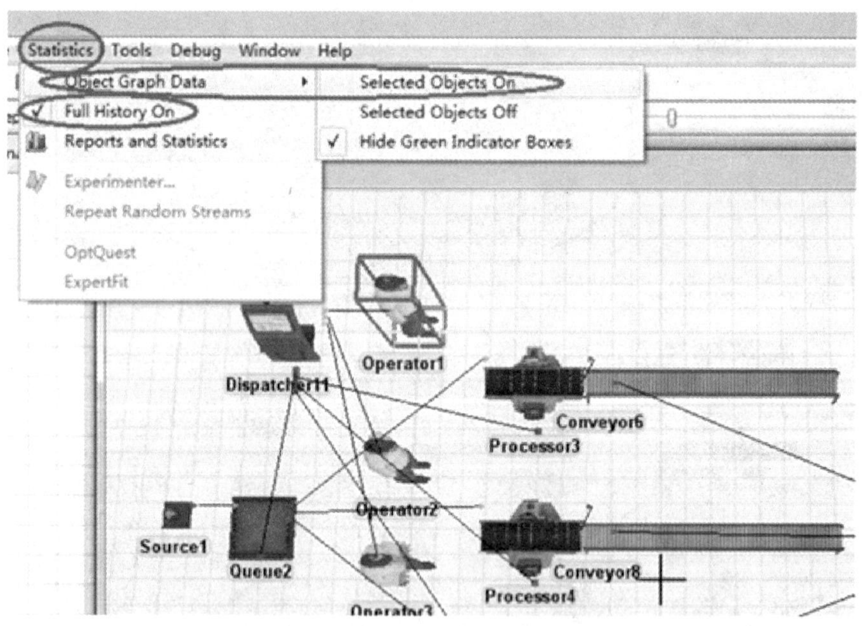

图 3—16　作业员状态统计设置示意图

步骤 8：设定 Recorder（记录器）

首先拖入 Recorder（记录器）实体，并进行设置。拖入时，Recorder（记录器）是平铺在平面上，通过双击“General”选项卡，勾选相应选项，可将其位置设置为像悬挂式电视一样方便现场随时观看的状态，具体如图 3—17 所示。

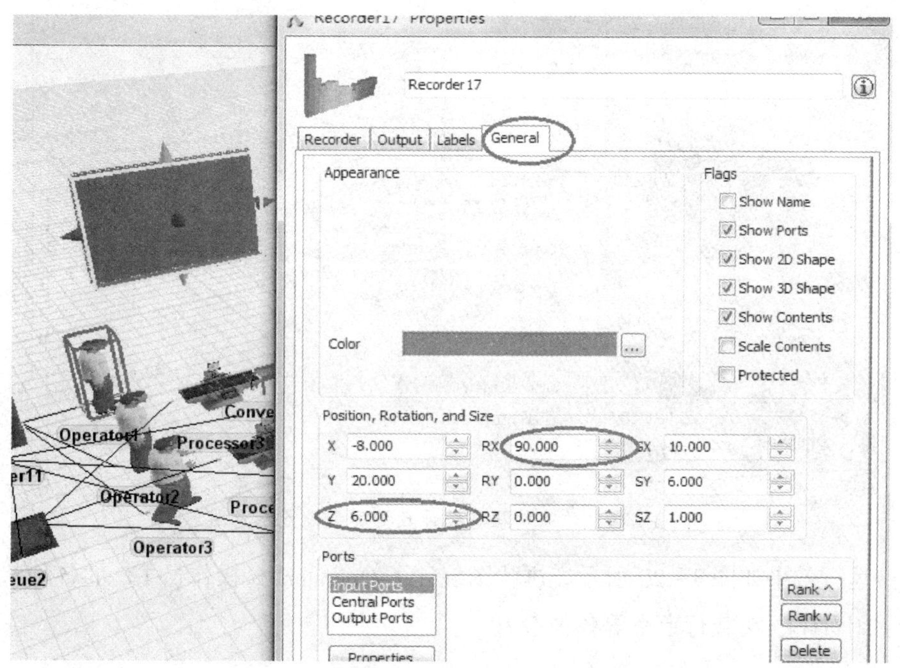

图 3—17　作业员状态记录器位置设置示意图

然后设定 Recorder（记录器）相关参数，具体步骤如下：双击“Recorder 17”，打开“Type of Data”，选中“Standard Data”，具体如图 3—18 所示。双击“Recorder 17”，打开“Type of Data”，选中“Standard Data”，打开“Object name”，选中“Operator1”，打开“Data to capture”选中“State”，具体如图 3—19 所示。

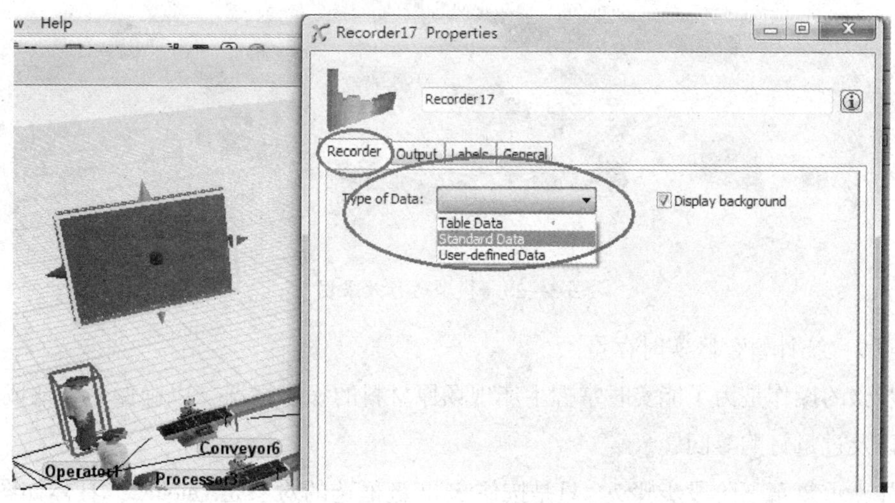

图 3—18　作业员统计指标设置示意图

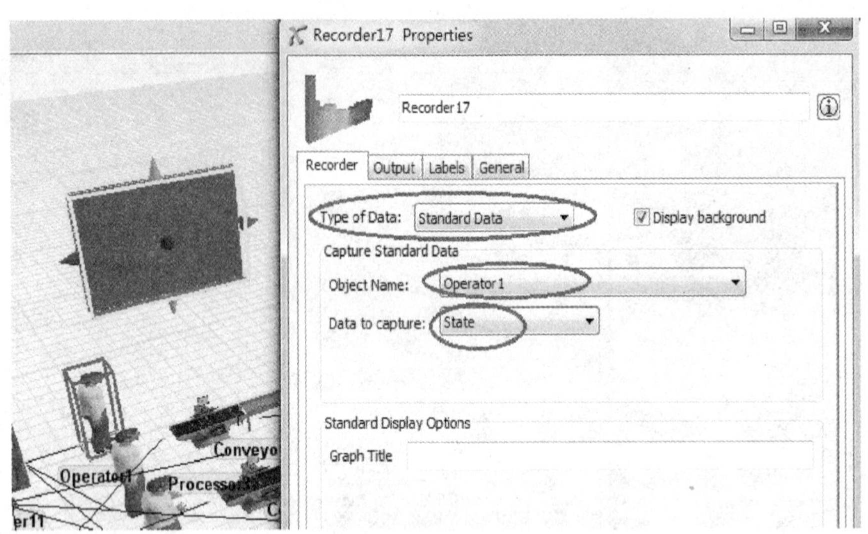

图 3—19　作业员状态统计数据类型设置示意图

模型运行效果如图 3—20 所示。饼状图统计了 Operator1（操作员 1）的各种状态，如利用率、闲置率、空载行走率等各种参数。

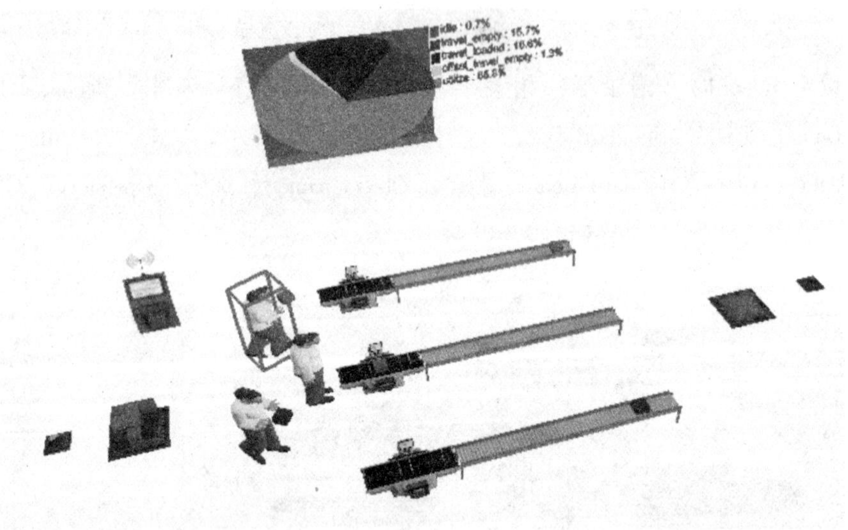
图 3—20　模型运行效果图

步骤 9：统计暂存区实时存量

本步骤的操作是为了能实时掌握生产现场原材料的积压情况，以确保不会造成原材料的浪费以及过量订购等问题。

首先，重复第三阶段步骤 7，只是按住 Shift 键框选的对象是 Queue2，具体如图 3—21 所示。

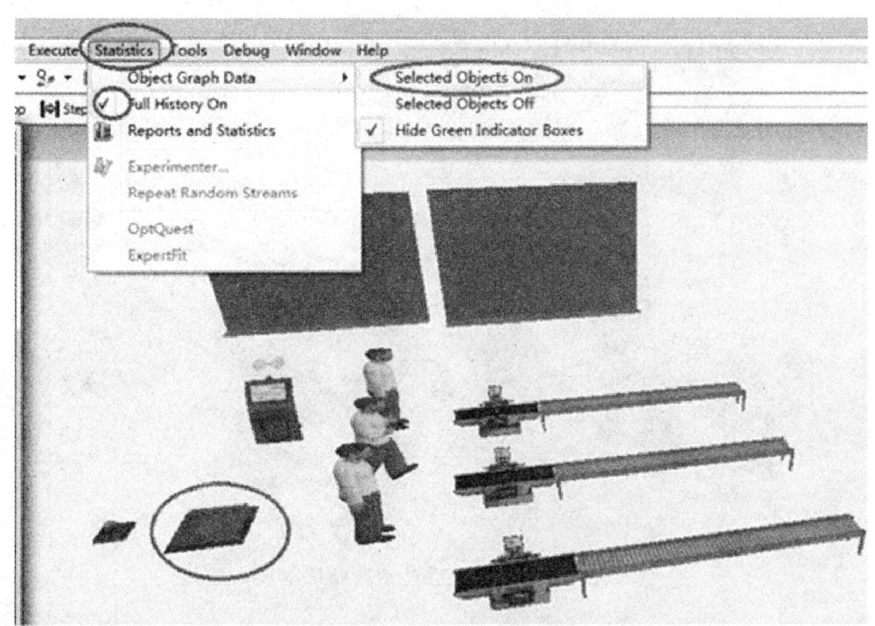

图 3—21　暂存区状态统计设置示意图

然后再拖入一个 Recorder（记录器），设置方式与步骤基本一致，只是统计的数据类型是 Content（队长）而不是 State（状态），具体如图 3—22 所示。

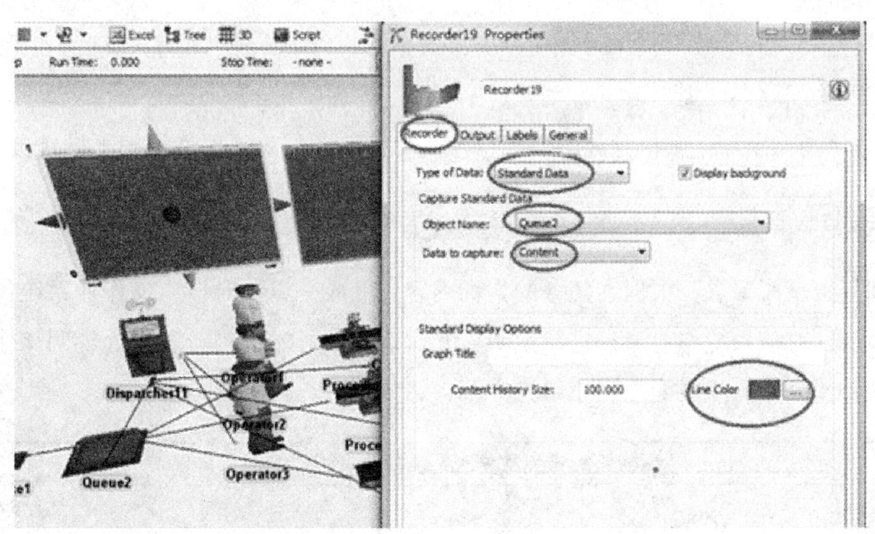

图 3—22　暂存区状态记录器设置示意图

最终仿真模型的运行效果如图 3—23 所示。左边的折线图表示 Queue2 的实时暂存数量，饼状图表示 Operator1 的实时忙闲状态。

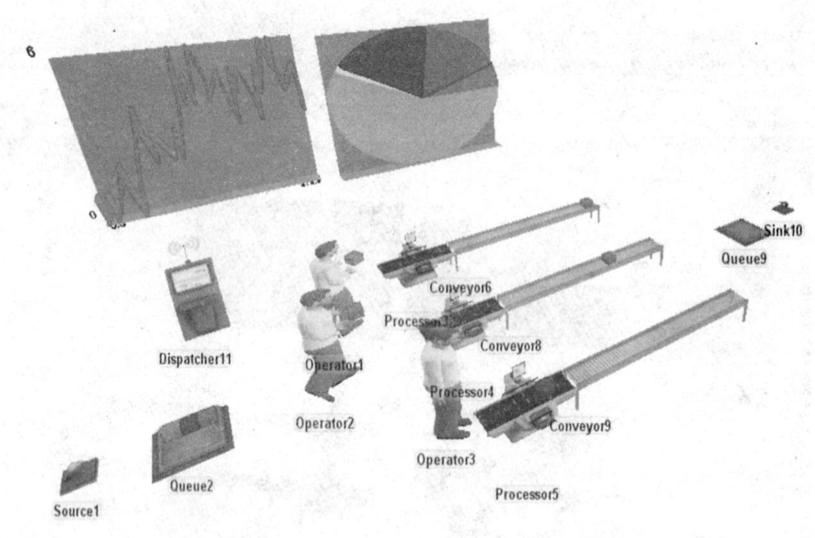

图 3—23　模型最终运行效果图

【思考练习】

1. 重新启动 Flexsim 仿真软件，独立完整地完成上述模型。

2. 分析该生产物流作业系统的产能。

3. 根据模型演示效果，思考该模型对应的企业收货入库流程是否合理；如果不合理，分析存在哪些问题，试提出改进方案。

4. 为该模型添加一个检验环节，使检验不合格的产品重新返回原加工设备再次加工。

【实训评估】

实训报告撰写要求：根据本任务的实训内容，完成一篇针对该入库作业系统仿真模型的实训报告，对该系统作业流程进行说明，并对模型运行过程进行分析，说明该作业系统存在的优势或问题，并说明原因或解决方案，字数不限。

单件生产物流作业系统仿真实训考核表			
考核项目	分值	最终成绩	被考核人
出勤情况	30 分		
实训报告	50 分		
课堂表现情况	20 分		
合计	100 分		

任务二　U 型生产线物流系统仿真

【知识准备】

一、U 型生产线的含义

脱离原有生产线设计思想，使物流路线形成 U 形，进料和出料由一个人承担，这样可避免由于看不到出货情况而造成的中间在制品增加，而中间在制品增加的最大弊端是使品质难以保证，先入先出不能得以实施，使系统的灵敏度严重下降。U 型生产线的真正含义是在加工过程中物流的过程是 U 型，而不是设备排布是 U 型。

二、U 型生产线布局的优势

1．U 型生产线追求的目标

（1）实现公平作业分配。由于在生产设计时，人的作业范围是按照制造的节拍设计的，所以，在一条生产线上，所有的作业员工都会做相同的作业，谁也不会工作量大，谁也不会工作量少，这样的工作分配由于失去了比较的条件，因此工作中员工的不满情绪会大大减少。

（2）追求工程不良率为零（一个个制造，一个个检查）。要想实现零缺陷，使用抽检的方式根本不可能，因为即便是完全按照标准所规定的方法进行抽检，也不能保证所有产品均为良品。很显然，实现零缺陷管理的唯一方法，就是必须在制造过程中让产品一个一个地被制造、一个一个地被检查、一个一个地流到后工序，但检查必须由作业员完成，发现不良立即停线和报告管理者。

（3）实现人少化（一人多机作业）。在 U 型生产线布局中，由于作业人员在生产线内使用循环作业的方式完成作业，因此作业是在往复中完成，这样的作业方法，人的工作效率最高，产品中的工数最少，人工成本最低。

（4）规定提供量（完成一个，制造一个）。在 U 型生产线布局中，在工程内部，由于所有的制造人员全部都在按照制造节拍进行工作，后面的人不可能得到更多的材料和更快地得到材料，因此生产速度被严格保证。另外，由于是一个一个制造、一个一个检查、一个一个流出，因此很容易保证品质。

（5）缩短制造周期。在产品的整个制造过程中，如果我们用一块秒表对制造过程进行时间测定，我们立即就可以发现，在整个制造周期中实际用于加工的时间很短，导致制造周期长的主要原因是制造过程中的停滞。U 型生产线布局由于消除了工序间的位置误差，减少了搬运，使加工过程可以顺利流动，减少滞留，因此可以大幅度地缩短制造周期。

2. U 型生产线的特征

（1）建立立式作业方式，使人员可以走动。散步可以消除疲劳，清除放在作业员身边的阻碍作业员移动的物料及货架，让作业员可以顺利地在作业位置上进行移动式作业，可以使作业员更加轻松地工作。移动的作业方法比坐在固定的地方或站在固定的地方使人不容易疲劳。按照工作设计原理，使用工作扩展的方法可以有效消除由于长时间从事非常单调的工作而产生的心理疲劳。

（2）训练多能工（消除工程间区别）。U 型生产线布局和其他布局的最大区别在于一人多序的作业，这要求作业员必须是多能工。这样不但人员相互之间可以支援，而且可以消除疲劳，有效地平衡员工工作的不平衡性，消除比较的条件，以克服员工的不满情绪。

（3）比起机床利用率，先提高人的利用率，要尽量选择小型、低价的设备。在精益生产中我们明确地理解：设备停下来不是浪费，而人是绝不可以停下来的。因为设备的使用时间周期是固定的，如果我们使用设备时就让它开动，不用时将它停止，设备的寿命是可以延长的。但人和设备的情况刚好相反，人在工作时间内没有工作也必须支付工资，而这些工资应该是工作的报酬。

因此，在精益生产的改善过程中我们必须充分注意人的作业效率，改变传统的控制成本的基本思路。由于设备和生产线价格异常昂贵，因此几乎每个人都认为如此高价的设备必须不断地开动才能有价值，一旦停下来就会导致巨大的损失。在制造过程中拼命地使设备运转，其结果，不但不能减少固定资产的总额，还使库存的数量和成本快速增加了。而使用小型、灵活转换的设备，目的在于增加生产线的柔性，使生产线永远按照需要的速度进行生产。

三、U 型生产线的七大原则

1. 立式作业的原则

人从站立中进步，坐式作业由于人不能够顺利移动，因此接近零件需要很长时间，动作运转不自然，容易产生动作浪费和疲劳，还可能由于制造速度不同而造成均衡生产困难。

2. 步行的原则

步行可以消除疲劳，步行可促进作业者体力的恢复且能适应所需要的节奏，工程平衡容易实现。

3. 一个流生产原则

中间在库制品不但会增加浪费，而且会使系统的反应变得缓慢，生产效率下降。批量的中间在库制品不易保持顺序，对品质会产生巨大的不良影响。

4. 多工程担当原则

将人从一道工序的作业中解放出来，让其从事更多的工作，这样做可以缓解由于专业化生产而带来的疲劳和工作乏味感，增加了工序流的顺畅性，可充分利用人的工作时间创造更多的附加价值。

5. 进出料同一人原则

确保生产流程中的在库数量，保持系统的反应灵敏度，有问题时及时停止生产线运转，严格遵守一个流的生产原则，提高产品品质。

6. 作业量公平的原则

由于每个人的作业量保持均等，对人的评价变得容易，避免了由于工作量不同造成的各岗位员工的不满情绪，有利于提升工作效率。

7. 生产线停止原则

及时发现问题，并将其暴露在表面，（停止）当场找出异常的原因，将损失降低到最小，并及时做好防范措施。

【实训目的】

1. 了解 U 型生产线系统的基本构成。
2. 了解 U 型生产线作业的基本流程。
3. 掌握 Flexsim 仿真软件在 U 型生产线物流系统仿真方面的应用方法。

【实训背景】

某生产制造企业是以制造小型电子设备为主。现该公司要布局一条新的生产线，剩余布局空间为长方形结构，宽为 15 m，长为 40 m。该生产线有九道工序，生产线的布局方式为 U 型，每条 U 型生产线使用的设备数量、种类以及加工流程不同，可以生产多种类型的产品，而且遵循一个流的生产方式。现该公司接到一批客户订单，要求生产三种产品，这三种产品的生产在一条 U 型生产线上通过三个生产作业员即可完成，物控部门已经完成了生产线的下料，需要开始组织生产。

【实训内容】

该公司 U 型生产线作业流程如图 3—24 所示。物料管理部门将送达的原材料送至生产线入口。

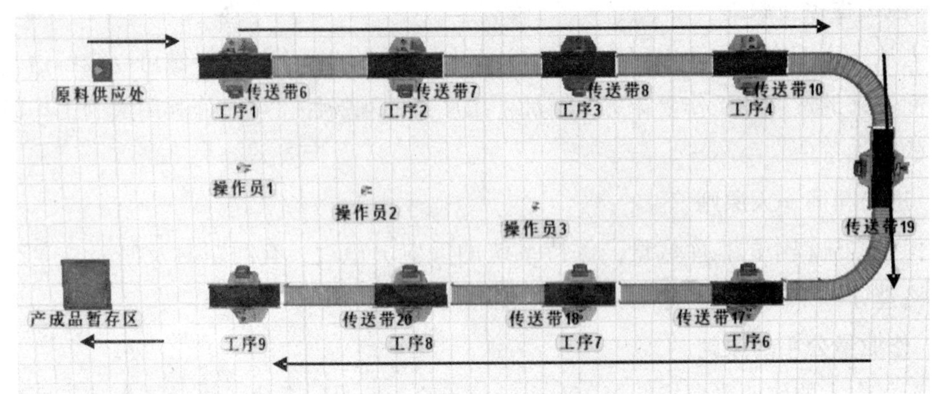

图 3—24　U 型生产线作业流程示意图

（1）代表原料供应处的发生器在第 0 s、1 000 s、2 000 s、3 000 s 四个时间分别产生四批临时实体，代表四批原材料，每批次均为 2 个，并将原材料颜色设置为蓝色。

（2）每道工序完成原材料加工需要的时间各异，具体加工时间见表 3—1。

表 3—1　　各工序加工时间一览表

工序名称	工序 1	工序 2	工序 3	工序 4	工序 5	工序 6	工序 7	工序 8	工序 9
加工时间（s）	6	8	7	10	5	5	10	3	6

（3）不同的操作员负责操作不同的设备，根据 U 型生产线的布局优势，指定操作员 1 负责 1、2、9 工序，指定操作员 2 负责 3、7、8 工序，指定操作员 3 负责 4、5、6 工序。

（4）原材料经过九道工序的加工后颜色由蓝色变为绿色，表示加工完成。

（5）添加三个统计工具，分别实时统计操作员 1、2、3 的工作忙闲率。

【实训步骤】

◇ 第一阶段　拖放实体

步骤 1：拖放实体

从实体库里拖出一个发生器放到模型视图区，方法是鼠标左键按住实体库中的发生器，拖动放到 3Dview 区，实体拖放效果如图 3—25 所示。

步骤 2：拖放其余实体并根据真实系统修改实体名称

把其余的实体拖到模型视图区中并修改名称，实体拖放完整效果如图 3—26 所示。

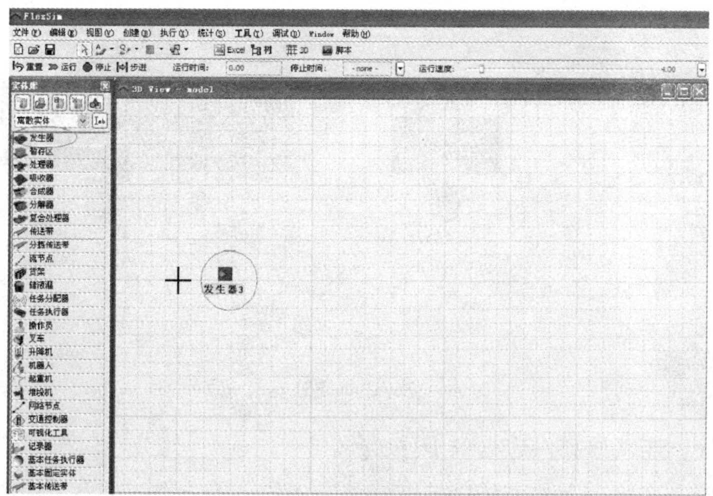

图 3—25　实体拖放效果图

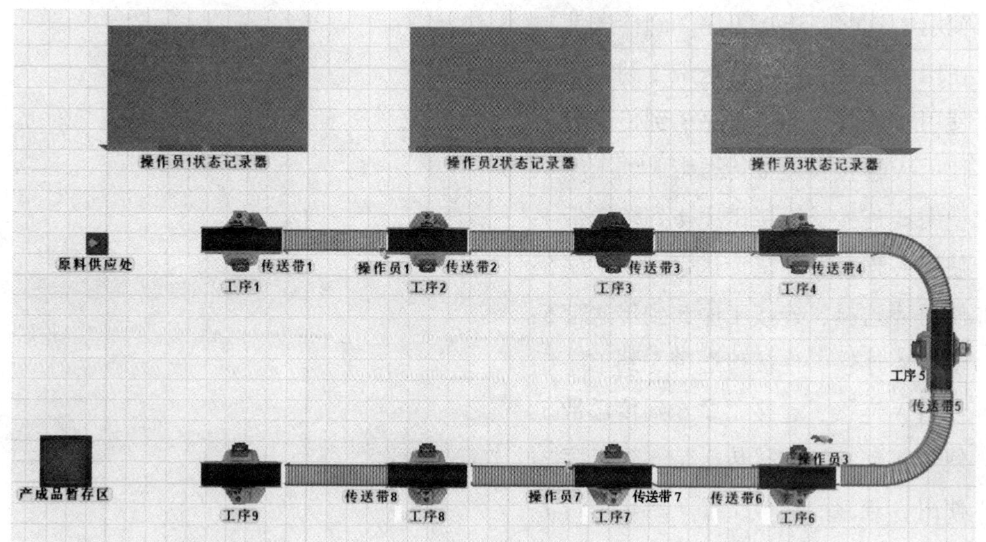

图 3—26　实体拖放完整效果图

◇ 第二阶段　逻辑连线

步骤 3：连接端口

根据临时实体的路径连接端口，连接方法是：按住“A”键，然后用鼠标左键点击起始位置实体并拖曳到送达位置实体，再释放鼠标键，拖曳时可看到一条黄线，释放后逻辑连接线变为黑线，显示效果如图 3—27（左）所示；按住“S”键，然后用鼠标左键点击起始位置实体并拖曳到送达位置实体，再释放鼠标键，拖曳时可看到一条黄线，释放后逻辑连接线变为黑线，显示效果如图 3—27（右）所示。

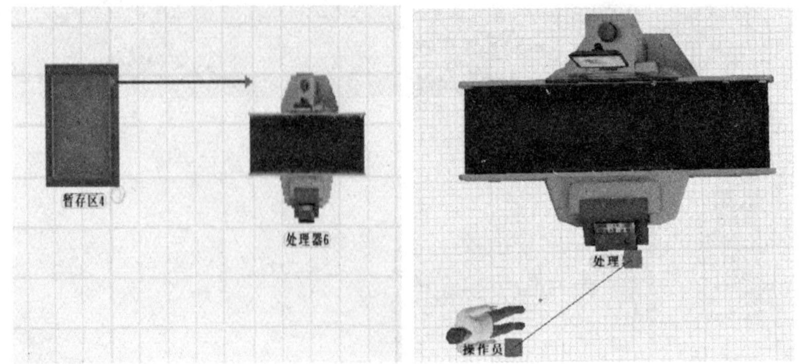

图 3—27 逻辑连线示意图

使用 A 连接，连接原料供应处到工序 1；

使用 A 连接，连接工序 1 到传送带 1；

使用 A 连接，连接传送带 1 到工序 2；

使用 A 连接，连接工序 2 到传送带 2；

使用 A 连接，连接传送带 2 到工序 3；

使用 A 连接，连接工序 3 到传送带 3；

使用 A 连接，连接传送带 3 到工序 4；

使用 A 连接，连接工序 4 到传送带 4；

使用 A 连接，连接传送带 4 到工序 5；

使用 A 连接，连接工序 5 到传送带 5；

使用 A 连接，连接传送带 5 到工序 6；

使用 A 连接，连接工序 6 到传送带 6；

使用 A 连接，连接传送带 6 到工序 7；

使用 A 连接，连接工序 7 到传送带 7；

使用 A 连接，连接传送带 7 到工序 8；

使用 A 连接，连接工序 8 到传送带 8；

使用 A 连接，连接传送带 8 到工序 9；

使用 A 连接，连接工序 9 到产成品暂存区。

连接线完成后显示效果如图 3—28 所示。

◇ 第三阶段 参数设置

每个实体都有其特有的图形用户界面（GUI），通过此界面可将数据与逻辑加入模型中。双击实体可打开叫作参数视窗的 GUI。

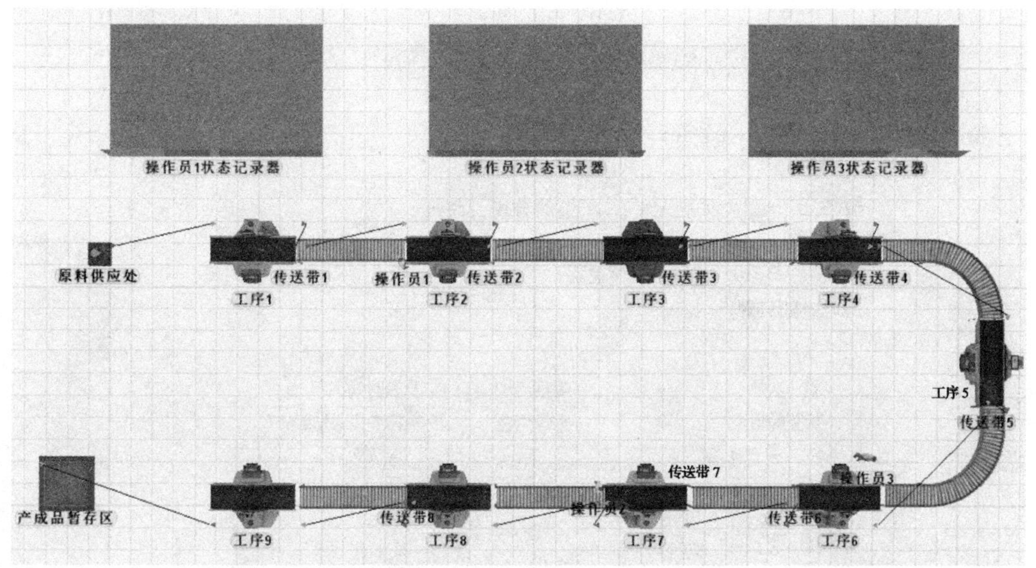

图 3—28　逻辑连线完整效果图

步骤 4：原料供应处参数设置

双击代表原料供应处的发生器打开它的参数视窗，将到达方式设置为“到达时间表”，到达次数设置为 4 次，并点击“刷新到达”，具体如图 3—29 所示。

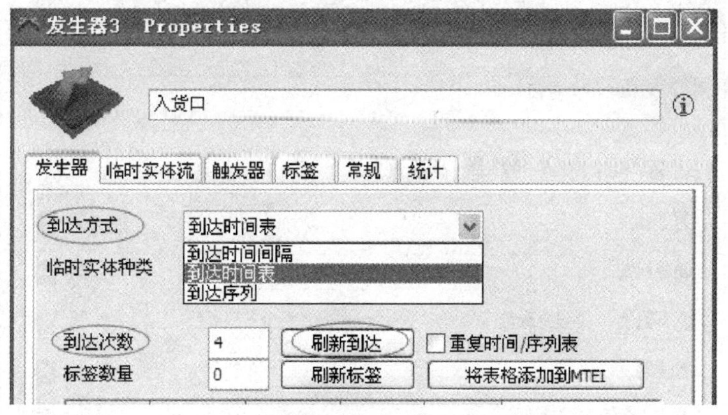

图 3—29　发生器选项卡设置示意图

在刷新到达之后，参数设置界面出现四行表格（见图 8—7），在表格中填写如下信息：将原材料的到达时间 ArrivalTime 按照第 0 s、1 000 s、2 000 s、3 000 s 的顺序设置，到达数量 Quantity 统一设置为 20 个，代表每批加工 20 个产品，具体如图 3—30 所示。

对原料供应处触发器进行设置，点击“离开触发”后的加号，在出现的下拉列表中选择“设置颜色”，表示对模型中产生的原材料设置颜色，具体如图 3—31 所示。

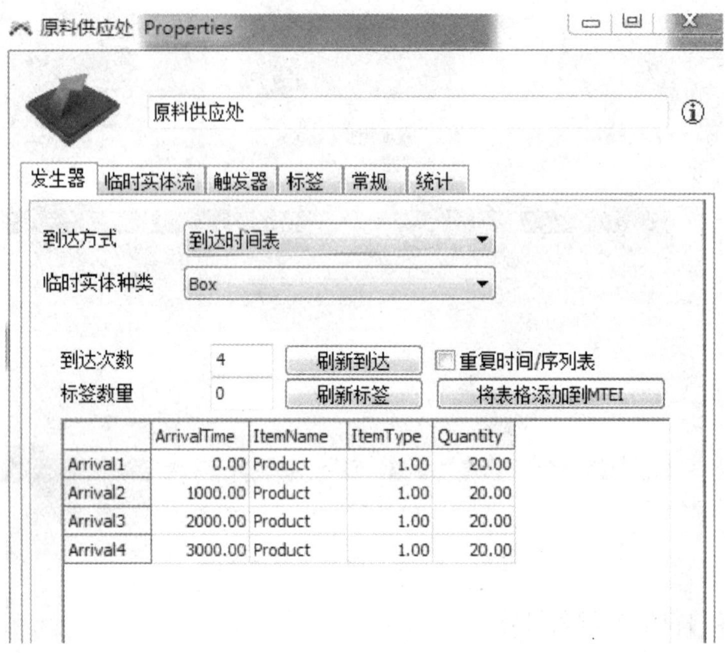

图 3—30　到达时间表设置示意图

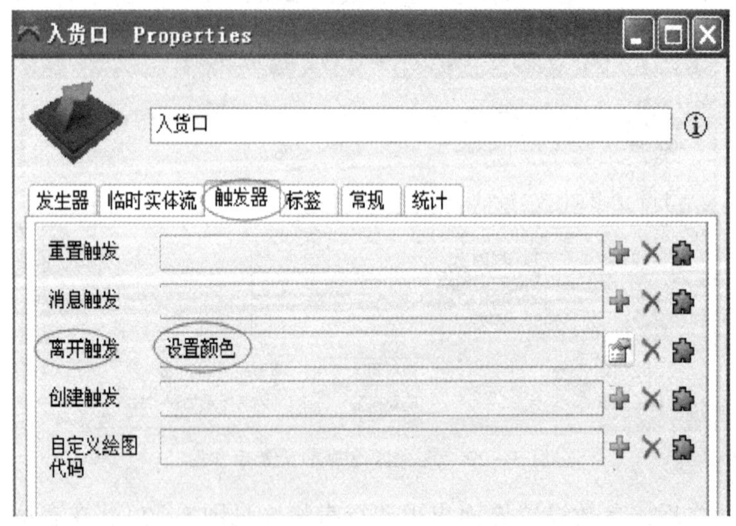

图 3—31　触发器设置示意图

步骤 5：加工工序 1、2、9 参数设置

对工序 1 进行参数设置，主要参数按照系统默认设置，将加工时间设置为 6 s，同时对工序 2、工序 9 进行加工时间设置，分别设置为 8 s 和 6 s，具体如图 3—32 所示。

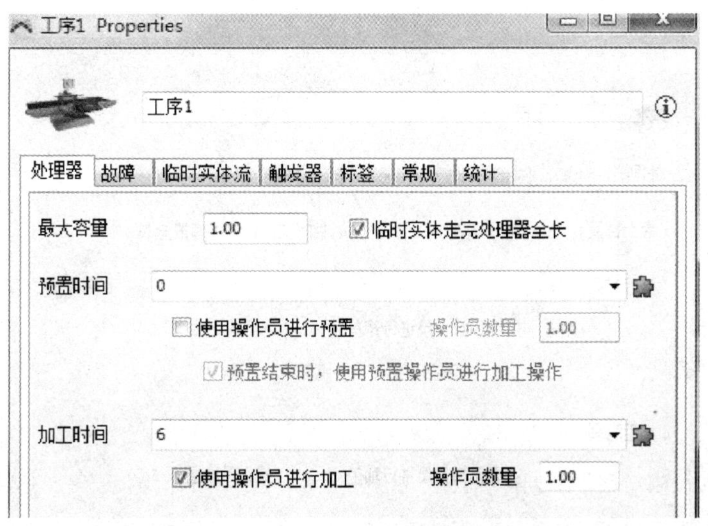

图 3—32　处理器设置示意图（一）

工序 1 需要在操作员 1 的操作下完成原材料加工，在设置中需要将工序 1 的参数设置为调用操作员 1 进行加工作业，同时对工序 2 和工序 9 进行同样操作，均调用操作员 1 进行加工作业，具体如图 3—33 所示。

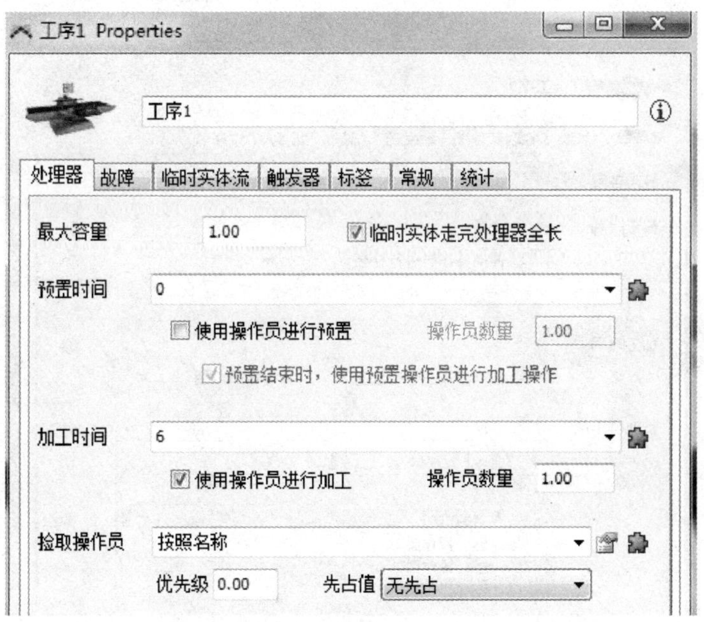

图 3—33　指定作业员设置示意图（一）

步骤 6：加工工序 3、7、8 参数设置

对工序 3 进行参数设置，主要参数按照系统默认设置，将加工时间设置为 7 s，同时对工序 7、工序 8 进行加工时间设置，分别设置为 10 s 和 3 s，具体如图 3—34 所示。

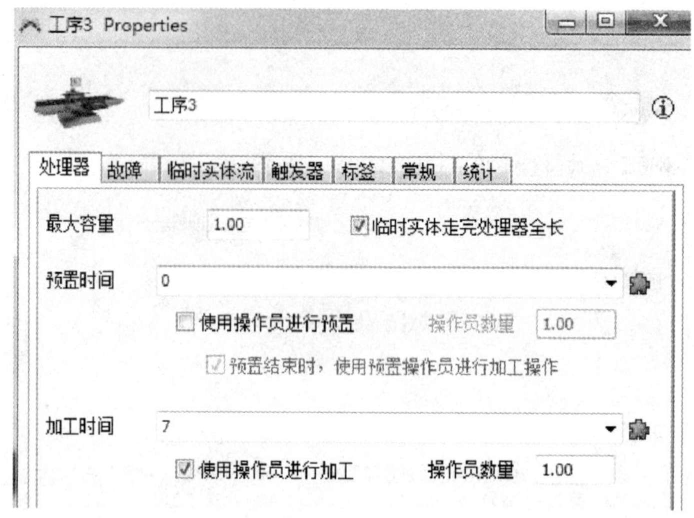

图 3—34　处理器设置示意图（二）

工序 3 需要在操作员 2 的操作下完成原材料加工，在设置中需要将工序 3 的参数设置为调用操作员 2 进行加工作业，同时对工序 7 和工序 8 进行同样操作，均调用操作员 2 进行加工作业，具体如图 3—35 所示。

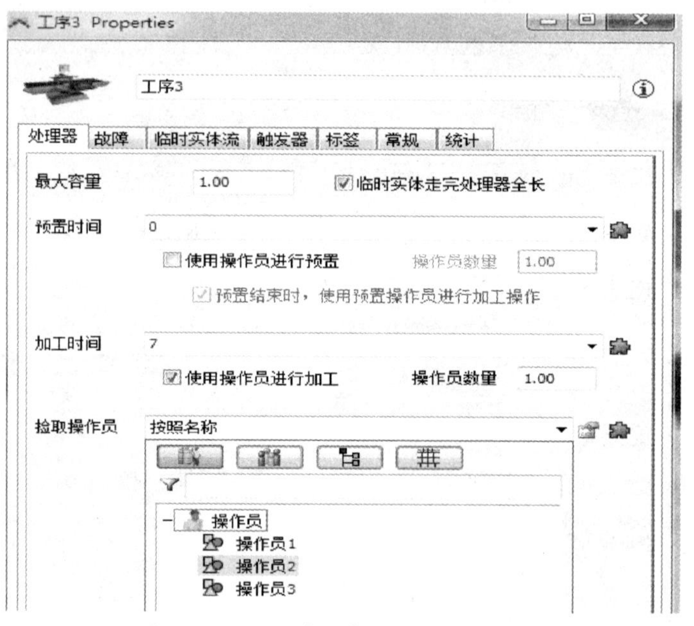

图 3—35　指定作业员设置示意图（二）

步骤 7：加工工序 4、5、6 参数设置

对工序 4 进行参数设置，主要参数按照系统默认设置，将加工时间设置为 10 s，同时对工序 5、工序 6 进行加工时间设置，均设置为 5 s，具体如图 3—36 所示。

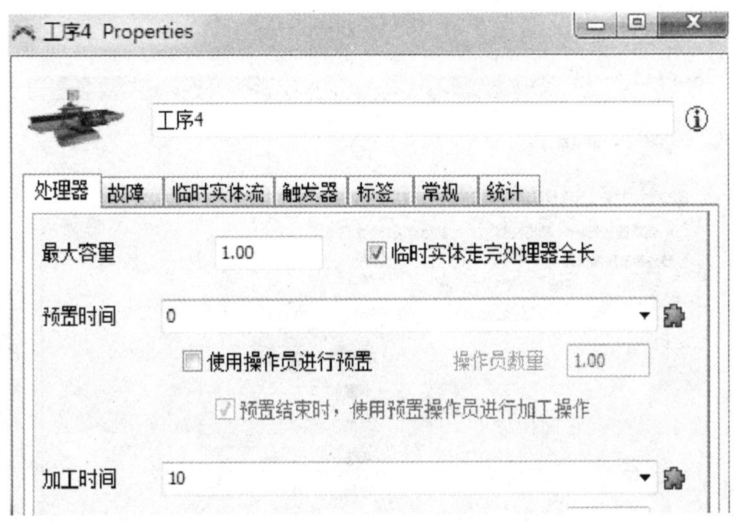

图 3—36　处理器设置示意图（三）

工序 4 需要在操作员 3 的操作下完成原材料加工，在设置中需要将工序 4 的参数设置为调用操作员 3 进行加工作业，同时对工序 5 和工序 6 进行同样操作，均调用操作员 3 进行加工作业，具体如图 3—37 所示。

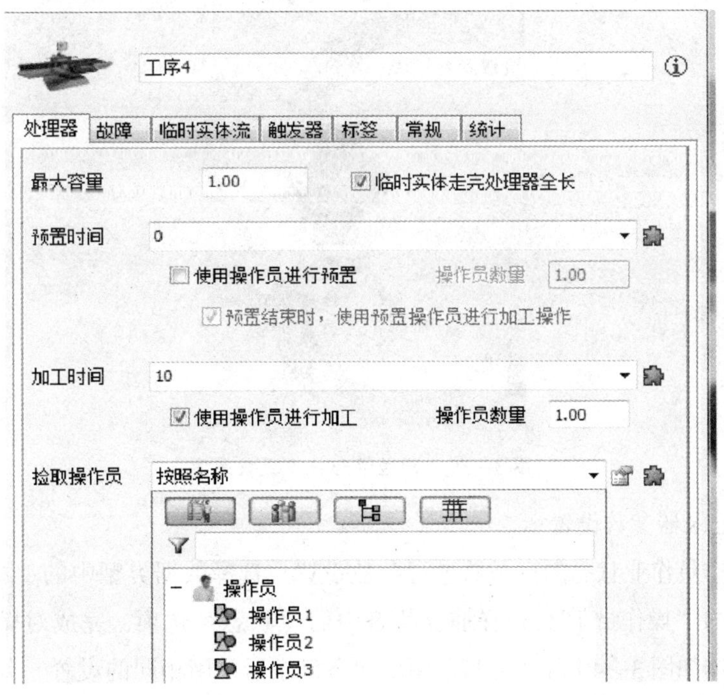

图 3—37　指定作业员设置示意图（三）

步骤 8：传送带参数设置

将水平传送带的长度均设置为 5 m，具体如图 3—38 所示。

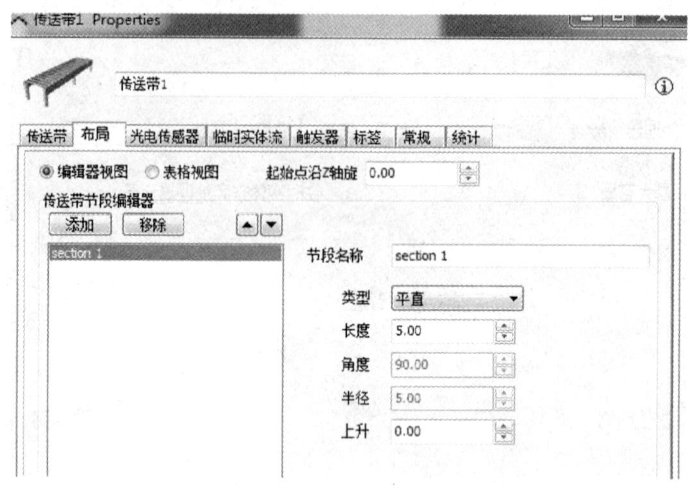

图 3—38　传送带布局设置示意图

将传送带 4 和传送带 5 采用添加的方式设置为符合生产线布局的形状，设置完成后显示效果如图 3—39 所示。

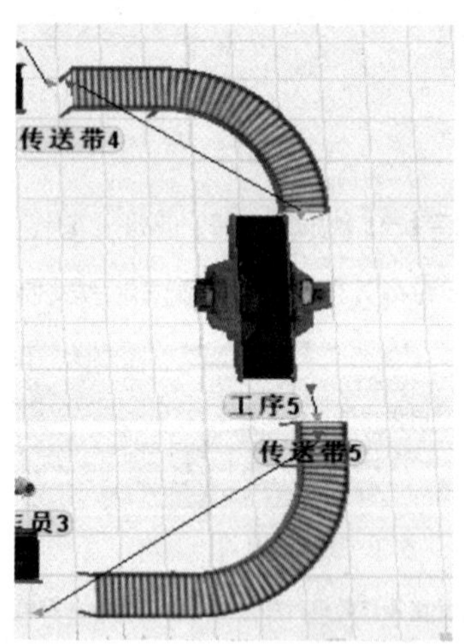

图 3—39　传送带形状设置效果图

步骤 9：记录器参数设置

对记录操作员作业状态的记录器进行参数设置，选择数据类型中的“标准数据”，选择实体名称中的“操作员 1”，选择捕捉状态中的“状态”选项，完成对操作员 1 状态的实时统计，具体如图 3—40 所示。其余两个状态记录器采用相同的设置，分别统计操作员 2 和操作员 3 的状态。

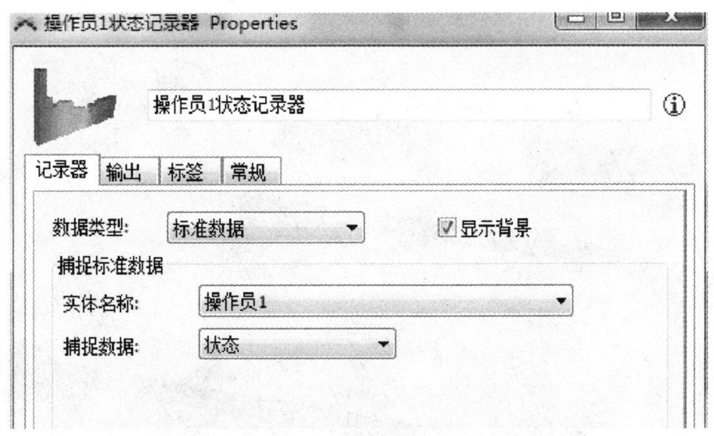

图 3—40 操作员状态记录器设置示意图

◇ 第四阶段 模型运行

经过以上过程的模型整体设置，可通过对模型重置后进行运行，操作方法是：单击仿真控制栏中的“重置”按钮，对设置好的模型重置后点击“运行”，观看仿真效果，具体如图 3—41 所示。

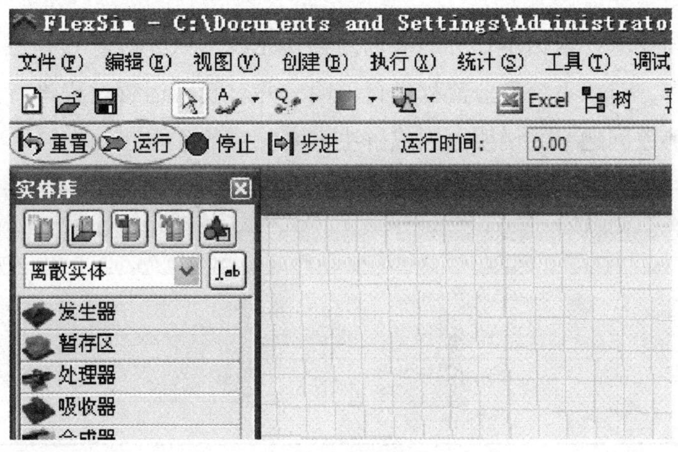

图 3—41 模型运行设置示意图

模型仿真最终效果如图 3—42 所示。

【思考练习】

1. 重新启动 FlexSim 仿真软件，独立完整地完成上述模型。
2. 分析该 U 型生产线的单位时间产能。
3. 根据模型演示效果，思考该模型对应的企业生产作业人员及布局安排是否合理；如果不合理，分析存在哪些问题，试提出改进方案。

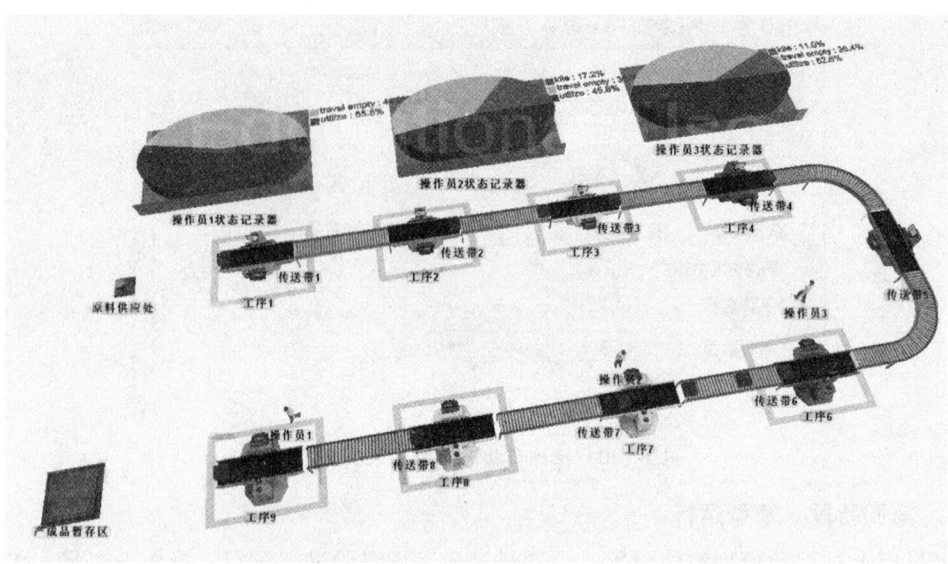

图 3—42　模型运行最终效果图

【实训评估】

实训报告撰写要求：根据本任务的实训内容，完成一篇针对该 U 型生产线作业系统仿真模型的实训报告，对该系统作业流程进行说明，并对模型运行过程进行分析，说明该作业系统存在的优势或问题，并说明原因或解决方案，字数不限。

U 型生产线作业系统仿真实训考核表			
考核项目	分值	最终成绩	被考核人
出勤情况	30 分		
实训报告	50 分		
课堂表现情况	20 分		
合计	100 分		

项目四

大型物流系统仿真

任务一　中天实训中心物流实训基地仿真

【知识准备】

一、自动化立体仓库系统概述

自动化立体仓库又称自动化高架仓库或自动存储系统（AS/RS 系统）。它是一种基于高层货架，采用计算机进行控制管理，自动化存取输送设备、自动化进行存取作业的仓储系统。自动化立体仓库是实现高效率物流和大容量储藏的关键系统，在现代化生产和商品流通中具有举足轻重的作用。自动化立体仓库是当代货架存储系统发展的最高阶段，它与自动化分拣系统和自动导向车并称为物流技术现代化的三大标志。广义地说，自动化立体仓库系统是在不直接进行人工处理的情况下实现自动存储和取出物料的系统，是一个将毛坯、半成品、配套件或产品、工具等物料自动存取、自动检索的系统，是物流系统的重要组成部分。

二、自动化立体仓库系统主要构成

1. 货架

用于存储货物的钢结构。主要有焊接式货架和组合式货架两种基本形式。按照存储货物的形式不同，分为可存储以托盘为单位的货架和可存储以周转箱为单位的货架。

2. 货物存储单元

用于承载货物的器具，亦称工位器具。主要包括托盘和周转箱两种形式。整托盘货物在自动化立体仓库中存取时通过堆垛机货叉叉取的方式进行，周转箱存取货物可通过堆垛机叉取或机械手臂抱夹的方式。

3. 巷道堆垛机

堆垛机即堆垛起重机，是用货叉或串杆取、搬运和堆垛，或从高层货架上存取单元货物的专用起重机。按照称重位置不同，分为桥式堆垛起重机和巷道式堆垛起重机两种；按结构形式，分为单立柱和双立柱两种基本形式；按服务方式不同，可分为直道、弯道和转移车三种基本形式。

起重机在货架之间的巷道内运行，主要用于搬运装在托盘上或货箱内的单元货物，也可开到相应的货格前，由机上人员按出库要求拣选货物出库。巷道式堆垛起重机由起升机构、运行机构、货台司机室和机架等组成。起升机构采用钢丝绳或链条提升。机架有一根或两根立柱，货台沿立柱升降。货台上的货叉可以伸向巷道两侧的货格存取物品，巷道宽度比货物或起重机宽度宽 15 ~20 cm。起重量一般在 2 t 以下，最大达 10 t。起升速度为 15 ~25 m/min，有的可达 50 m/min。起重机运行速度为 60 ~100 m/min，最大达 180 m/min。货叉伸缩速度为 5 ~15 m/min，最大已达到 30 m/min。

4. 输送机系统

立体库的主要外围设备，负责将货物运送到堆垛机或从堆垛机将货物移走，还可根据货物发送目的地的不同实现向不同分拣口的分拣。输送机种类非常多，常见的有辊道输送机、链条输送机、升降台、分配车、提升机、皮带机等。物流输送线自动控制系统主要利用 PLC 控制技术，使系统按照生产指令，通过系统的自动识别功能和输送线系统，自动地和柔性地把托盘箱里的生产物料，以最佳的路径、最快的速度，准确地从生产场地的一个位置输送到另一个位置，完成生产物料的时空转移，保证各种产品的生产按需要协调地进行和按需要迅速地变化，从而保证工厂设备和生产的高效率运行。在这个过程中，最佳路径控制成为物流自动控制系统的技术关键，而系统其他部分则围绕路径控制进行相应工作。

5. AGV 系统（自动导引车）

自动导引车即自动导向小车。根据其导向方式分为感应式导向小车和激光导向小车。通过与输送机系统的出货口及入货口相结合，实现自动化立体仓库的出入库作业全程自动化。

6. 自动控制系统

驱动自动化立体库系统各设备的自动控制系统，以采用现场总线方式为控制模式为主。该系统除作为完整的系统独立运行外，还预留和上级管理系统及仓库内部其他管理系统的接口。目前，立体仓库自动控制系统方式有集中控制、分离式控制和分布式控制 3 种。

7. 储存信息管理系统

亦称中央计算机管理系统，是自动化立体库系统的核心。典型的自动化立体库系统均采用大型的数据库系统（如 ORACLE、SYBASE 等）构筑典型的客户机/服务器体系，可以与其他系统（如 ERP 系统等）联网或集成。

【实训目的】

1. 了解自动化立体仓库作业系统的基本构成。
2. 了解自动化立体仓库作业的基本流程。
3. 能独立分析自动化立体仓库的出入库作业能力。
4. 掌握 Flexsim 仿真软件在自动化立体仓库作业系统仿真方面的各类应用方法。

【实训背景】

中国天津职业技能公共实训中心现代物流实训基地位于实训中心 C 座 1 层，建筑面积 970 m^2，设备投资 1 300 万元，配备设备 160 台（套），涵盖 5 个职业（工种），可同时容纳 40 人进行培训。建有一个库存总容量为 1 320 个存储单元、吞吐量可达 80 托盘/h 的自动化立体仓库，可实施存储、装卸、配送、信息处理等现代物流领域领先技术的实训和技术服务。

现该中心已完全投入使用，软硬件作业系统运行正常，主要任务是承担以天津海河教育园区为主的高校物流实训课程，也是现代物流作业系统产学研交流和学习的平台。鉴于部分物流从业者对自动化立体仓库作业系统的认识仅停留在视频或图片上，并没有真正了解自动化立体仓库作业系统的实体构成，现通过 Flexsim 仿真软件对该中心自动化立体仓库构成主体进行仿真，以更直观形象的方式阐释其主要构成及作业流程，并为从全局角度分析其系统合理性提供依据。

【实训内容】

中天实训中心现代物流实训基地需根据采购订单组织一批到库货物的入库作业和一批货物的出库作业。

（1）入库作业分为三种形式，第一种是将整箱包装的货物直接码放在托盘上，通过叉车送至自动化立体仓库入库口，执行入库作业；第二种是周转箱存储形式的货物直接入库；第三种是将以周转箱为存储单位的货物，通过机械手码放到托盘上进行入库作业。

（2）出库作业分为两种形式，第一种是整托盘货物出库，通过 AGV 送至出库作业区；第二种是以周转箱为单位出库，通过分拣传送带根据客户类型送至不同分拣口。

（3）代表仓库入货口的发生器产生三种不同类型和颜色的临时实体，代表三种货物，按照规定的时间分布送达，类型值分别为1、2、3，系统随机设置三种不同的颜色。

（4）类型为1、2、3的三种货物在不同时间被分别送至入库暂存区，码放到托盘上后由作业员执行入库作业，具体到货时间及到货数量见表4—1。

表4—1　　整托盘货物到达相关参数一览表

货物名称	到达时间（s）	货物类型	到货数量（箱）
货物A	0	1	16
货物B	150	2	16
货物C	300	3	16

（5）类型为1、2、3的三种货物在放到周转箱后，在不同时间被分别送至入库暂存区，其中80%的整箱货物直接入库，20%的整箱货物由机械手码放到托盘上后入库，具体到货时间及到货数量见表4—2。

表4—2　　整箱货物到达相关参数一览表

货物名称	到达时间（s）	货物类型	到货数量（箱）
货物A	0	1	50
货物B	1 000	2	50
货物C	2 000	3	50

（6）货架要求有托盘存储式货架和周转箱存储式货架两种，每种两个。托盘存储式货架要求10行10列，可存储100个整托盘货物；周转箱存储式货架要求20行20列，可存储400个周转箱。存储时，要求从货架的第一行第一列开始存放。托盘存储式货架行高和列宽分别为1.6 m和1.2 m；周转箱存储式货架要求列宽和层高分别为0.8 m和0.6 m，周转箱尺寸分别设置为长0.7 m、宽0.5 m、高0.55 m。

（7）要求同一托盘只能装同种货物，每个托盘码放8种货物。

（8）出库时，随机出整托盘货物4托盘、周转箱货物3箱。

（9）周转箱货物出库时通过AGV送至出库暂存区，出库时根据货物类型的不同送至不同分拣口。

【实训步骤】

◇ 第一阶段　拖放实体

步骤1：拖放实体

从实体库里拖出该模型需要的实体放到模型视图区，方法是鼠标左键按住实体库中的实体，拖动放到3Dview区，实体拖放完整效果如图4—1所示。

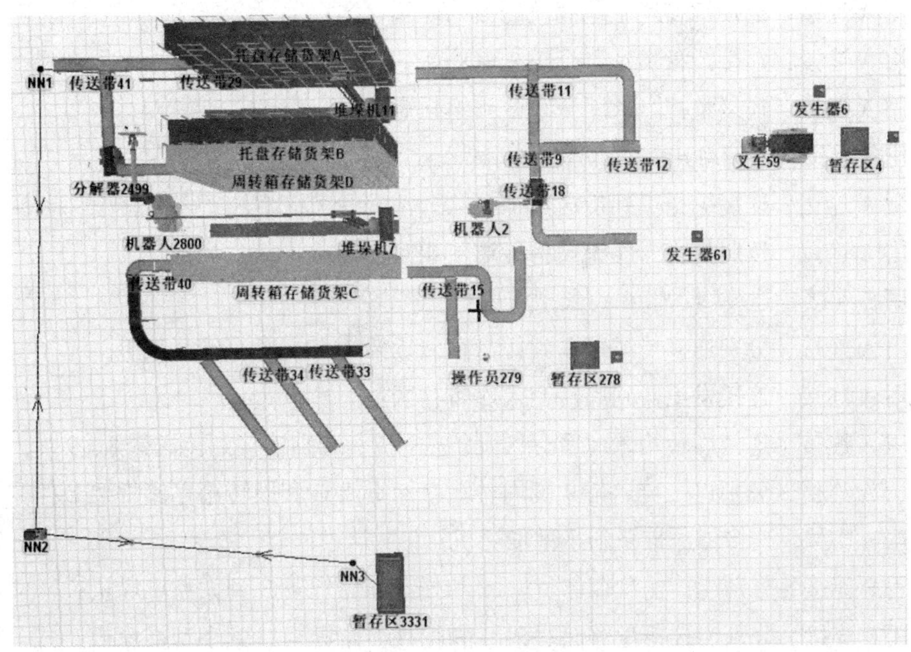

图4—1　实体拖放完整效果图

步骤2：实体名称修改及布局

对每个实体按照实际系统中的功能修改名称，修改后完整效果如图4—2所示。

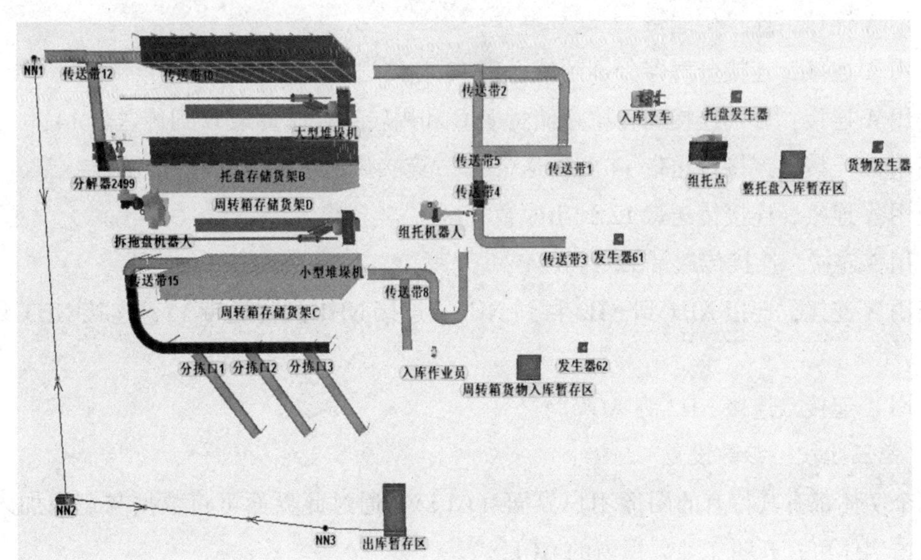

图4—2　实体名称修改后完整效果图

◇ 第二阶段　逻辑连线

步骤 3：连接端口

使用 A 连接，连接货物发生器到整托盘入库暂存区；

使用 A 连接，连接托盘发生器到组托点；

使用 A 连接，连接整托盘入库暂存区到组托点；

使用 S 连接，连接组托点到入库叉车；

使用 A 连接，连接组托点到传送带 1；

使用 A 连接，按照货物入库流向将传送带相互连接；

使用 S 连接，连接传送带 6 到大型堆垛机；

使用 A 连接，分别连接传送带 6 到托盘存储货架 A 和托盘存储货架 B；

使用 A 连接，连接发生器到周转箱入库暂存区；

使用 A 连接，连接周转箱入库暂存区到传送带 7，分别连接到传送带 8、9；

使用 A 连接，分别连接传送带 9 到周转箱存储货架 C 和周转箱存储货架 D；

使用 S 连接，连接传送带 9 到小型堆垛机；

使用 S 连接，分别连接托盘存储货架 A 和托盘存储货架 B 到大型堆垛机；

使用 S 连接，分别连接托盘存储货架 C 和托盘存储货架 D 到小型堆垛机；

使用 S 连接，连接传送带 13 到大型堆垛机；

使用 A 连接，分别连接托盘存储货架 A 和托盘存储货架 B 到传送带 10；

使用 A 连接，连接传送带 10 分别到传送带 11 和传送带 12；

使用 A 连接，连接传送带 11 到分解器；

使用 A 连接，连接分解器分别到传送带 13 和传送带 15；

使用 A 连接，分别连接周转箱存储货架 C 和周转箱存储货架 D 到传送带 14；

使用 A 连接，连接传送带 14 到传送带 15，连接传送带 15 到分拣传送带；

使用 A 连接，连接传送带 12 到出库暂存区；

使用 S 连接，连接传送带 12 到 AGV；

使用 A 连接，连接 NH1 到 NH2 再到 NH3；连接 NH1 到传送带 12，连接 NH3 到出库暂存区；

使用 A 连接，连接 NH2 到 AGV。

◇ 第三阶段　参数设置

每个实体都有其特有的图形用户界面（GUI），通过此界面可将数据与逻辑加入模型中。双击实体可打开叫作参数视窗的 GUI。

步骤 4：各类发生器参数设置

双击“托盘发生器”，将临时实体种类设置为“Pallet”，具体如图 4—3 所示。

图 4—3 托盘发生器设置示意图

双击“货物发生器”，将到达方式设置为“到达时间表”，设置到达次数为 3 次，并设置三种货物类型，分别在第 0 s、150 s、300 s 到达，每种货物到达数量均为 16 个，具体如图 4—4 所示。

	ArrivalTime	ItemName	ItemType	Quantity
Arrival1	0.00	Product	1.00	16.00
Arrival2	150.00	Product	2.00	16.00
Arrival3	300.00	Product	3.00	16.00

图 4—4 货物到达时间表设置示意图

双击“货物发生器 2”，将到达方式设置为“到达时间表”，设置到达次数为 3 次，并设置三种货物类型，分别在第 0 s、1 000 s、2 000 s 到达，每种货物到达数量均为 50 箱，具体如图 4—5 所示。

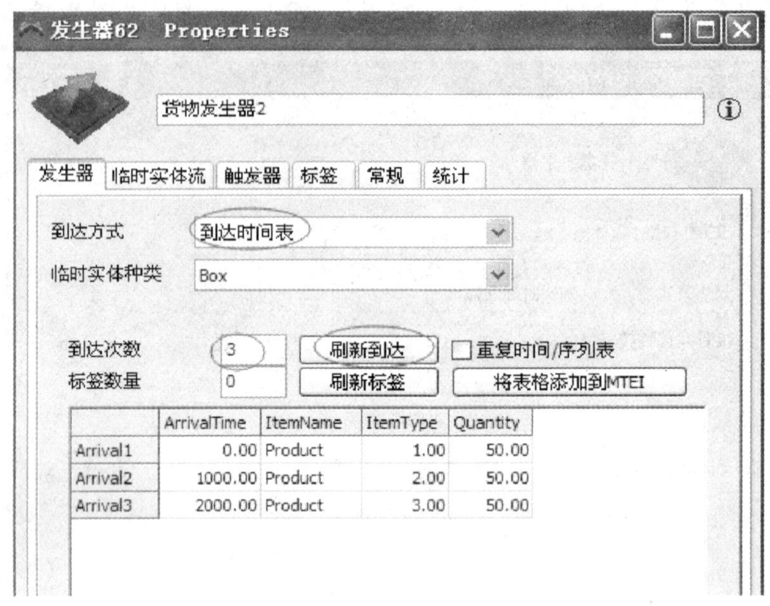

图 4—5　托盘发生器设置示意图

双击“托盘发生器 2”，将临时实体种类设置为“Pallet”，到达方式设置为“到达时间表”，到达次数设置为 3 次，到达时间分别为第 0 s、1 000 s、2 000 s，到达数量均为 1，具体如图 4—6 所示。

图 4—6　托盘到达时间设置示意图

步骤 5：入库传送带参数设置

设置传送带 2 的“临时实体流”选项卡中的“发送至端口”选项，使 90% 的整托盘货物流向传送带 6 方向，10% 的整托盘货物流向传送带 3 方向，表示该托盘货物出现超宽或超高等不能直接入库的情况，具体如图 4—7 所示。

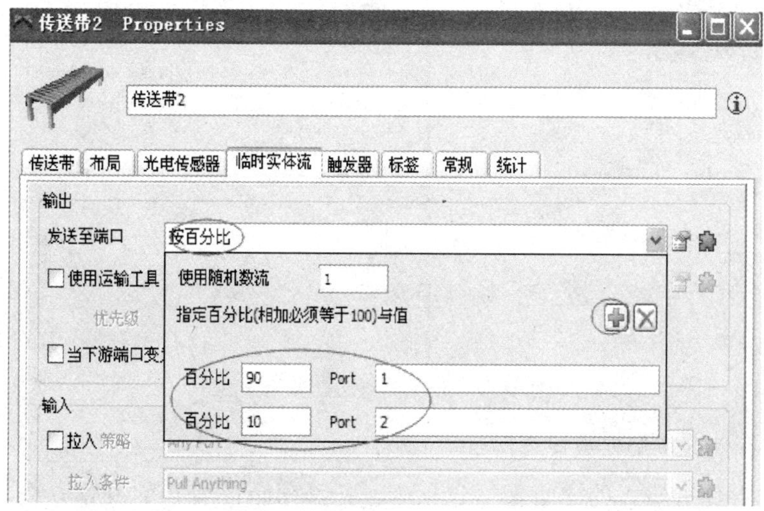

图 4—7　发送方向设置示意图（一）

设置传送带 7 的“临时实体流”选项卡中的“发送至端口”选项，使 80% 的整箱货物流向传送带 9 方向，直接进入周转箱存储货架，20% 的整箱货物流向传送带 8 方向，通过入库机械手码放到托盘后再进行入库，具体如图 4—8 所示。

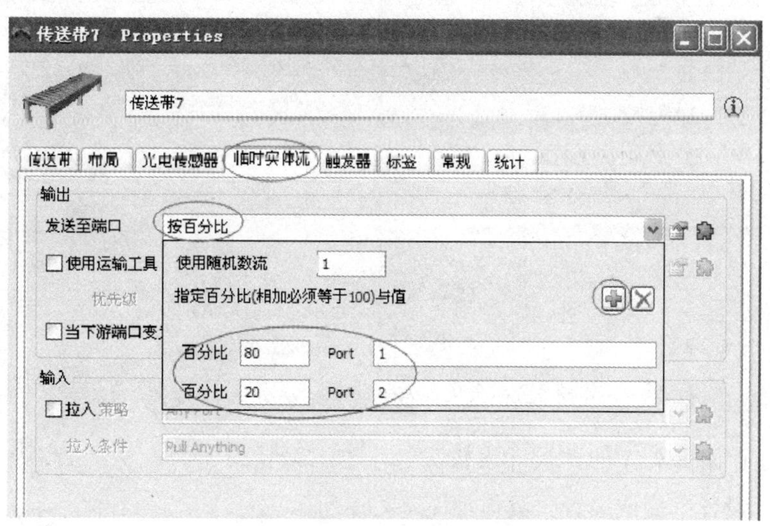

图 4—8　发送方向设置示意图（二）

传送带 7 设置为倾斜向上升高形状，传送带 8、9 的高度设置为比其他传送带高 2 m。设置方法是：双击“传送带 7”，在“布局”选项卡中将上升值设置为 2，在“常规”选项卡中将 SZ 值设置为 3，具体如图 4—9 所示。

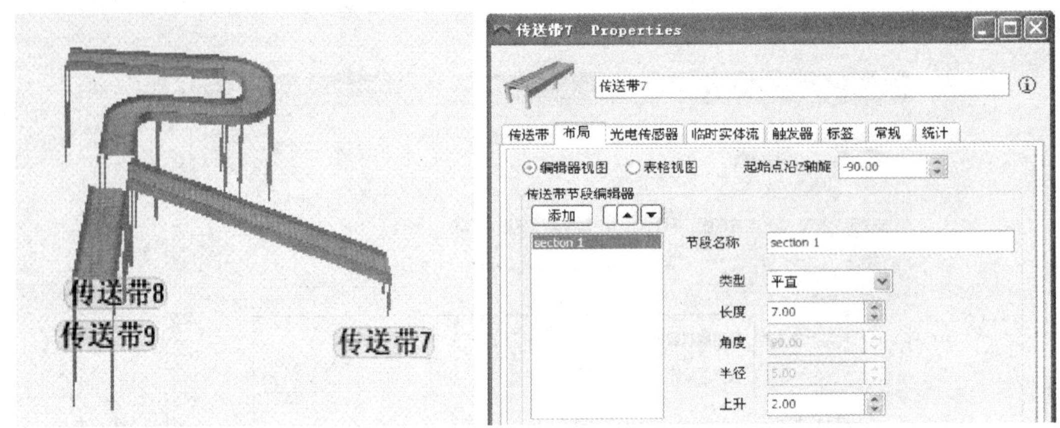

图 4—9 传送带布局设置示意图

步骤 6：存储区货架参数设置

设置托盘存储货架 A 的“货架”选项卡，托盘存储货架 B 的设置方法与其相同。设置方法是：点击放置到列后面的下拉菜单，选择“第一个可用列”选项，点击放置到层后面的下拉菜单，选择“第一个可用层”选项，其中单个货格的最大容量设置为 1，具体如图 4—10 所示。

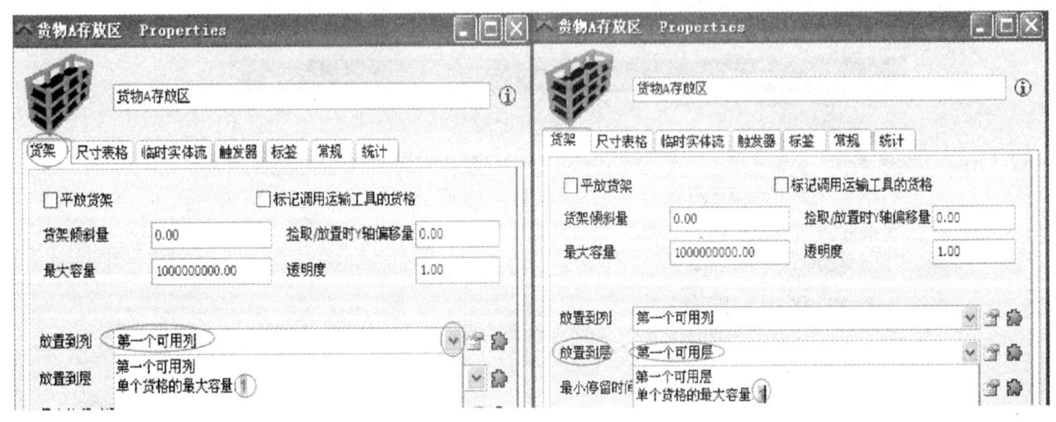

图 4—10 存储位置设置示意图（一）

设置托盘存储货架 A 的“尺寸表格”选项卡，设置列宽为 1.6、层高为 1.2，然后点击“应用基本设置”完成设置，具体如图 4—11 所示。

设置周转箱存储货架 C 的“尺寸表格”选项卡，周转箱存储货架 D 的设置方式与其相同，列数和层数都为 20，设置列宽为 0.8、层高为 0.6，然后点击“应用基本设置”完成设置，具体如图 4—12 所示。

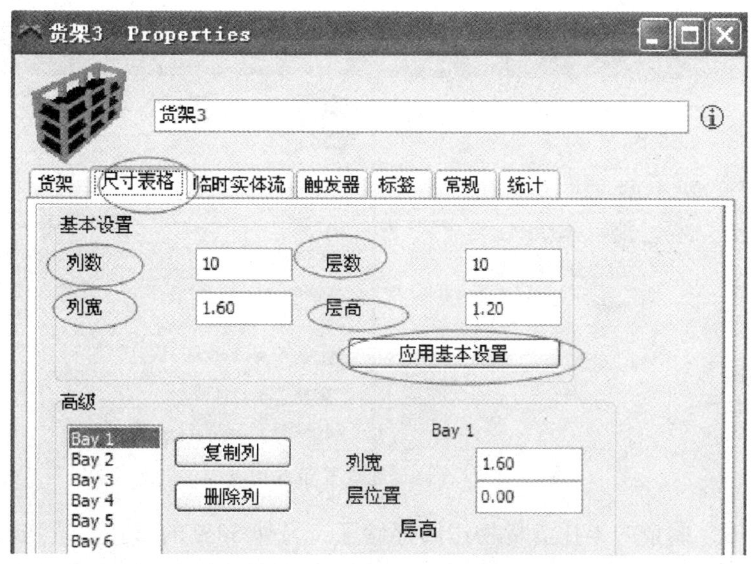

图 4—11 货位数量设置示意图（一）

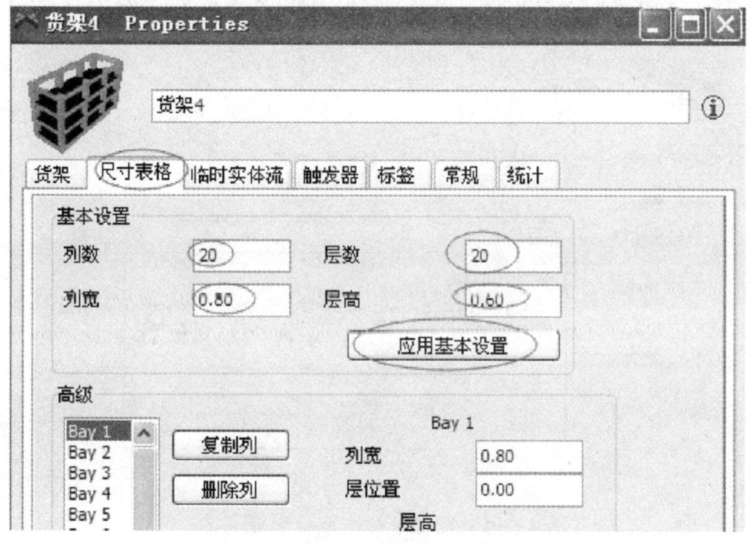

图 4—12 货位数量设置示意图（二）

设置周转箱存储货架 C、D 的“货架”选项卡，点击放置到列后面的下拉菜单，选择“第一个可用列”选项，点击放置到层后面的下拉菜单，选择“第一个可用层”选项，其中单个货格的最大容量设置为 1，具体如图 4—13 所示。

步骤 7：出库传送带参数设置

设置传送带 10 的“临时实体流”选项卡中的“发送至端口”选项，使 50% 的整托盘货物流向传送带 11，在到达分解器位置时，由出库机械手将需要出库的货物从托盘上取下

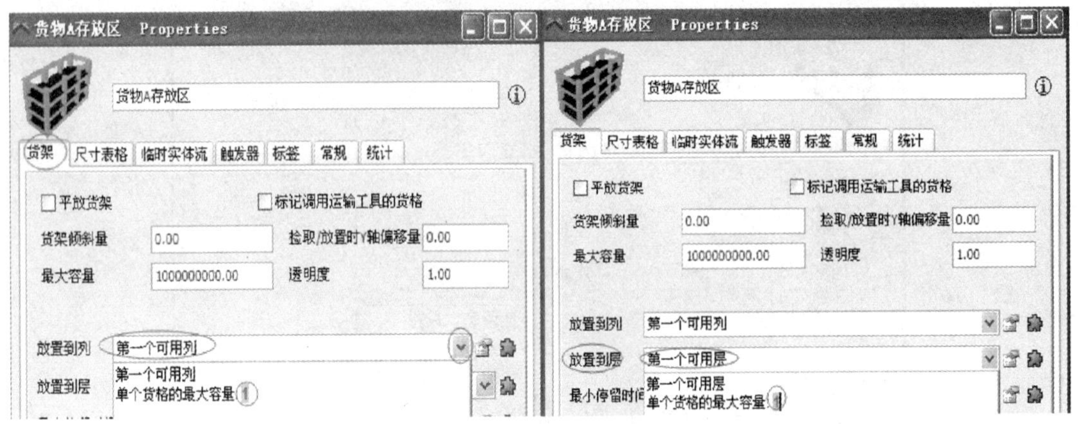

图 4—13　存储位置设置示意图（二）

放至传送带出库，剩余的半托盘货物送回存储区，另外 50% 的整托盘货物流向传送带 12 方向，经 AGV 将其直接送至出库暂存区，具体如图 4—14 所示。

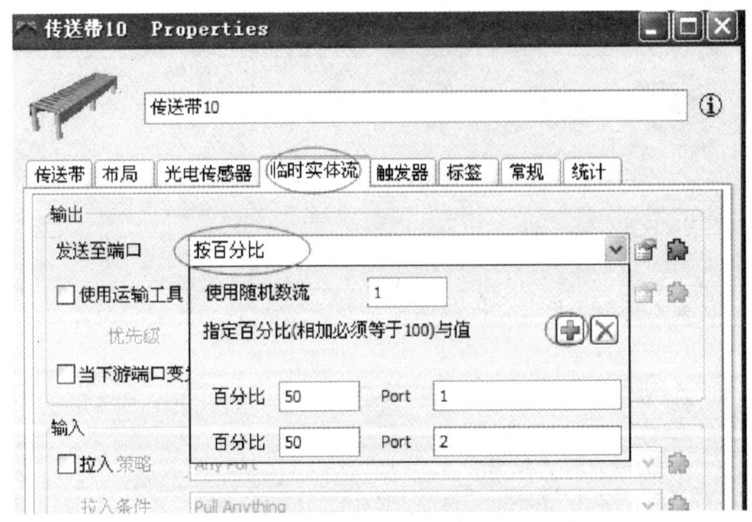

图 4—14　发送方向设置示意图（三）

步骤 8：合成器和分解器参数设置

双击“组托点”，选择“合成器”选项卡，设置组成清单值为 10，表示每个托盘码放 10 种货物，入库传送带系统中的合成器设置方法与此相同，具体如图 4—15 所示。

双击“分解器 2499”，选择“分解器”选项卡，选择处理方式为“拆包”，点击 Split/Unpack Quantity 下拉菜单中的“指定数量”选项，设置指定数量值为 3，表示该托盘货物中有 3 箱需要出库，具体如图 4—16 所示。

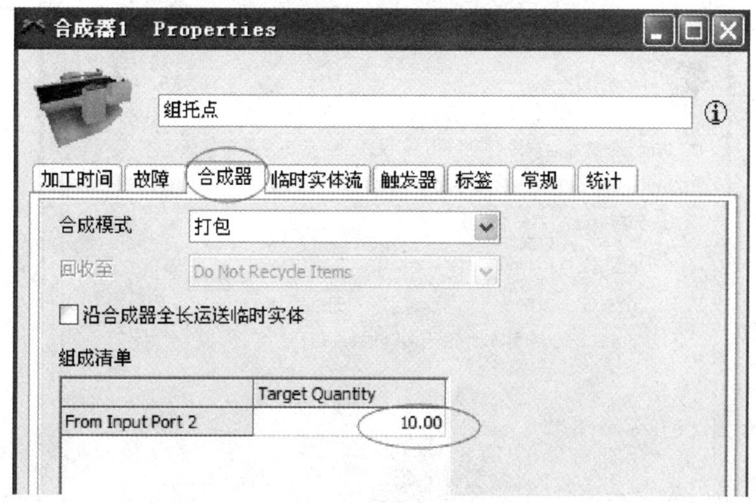

图 4—15　组托数量设置示意图

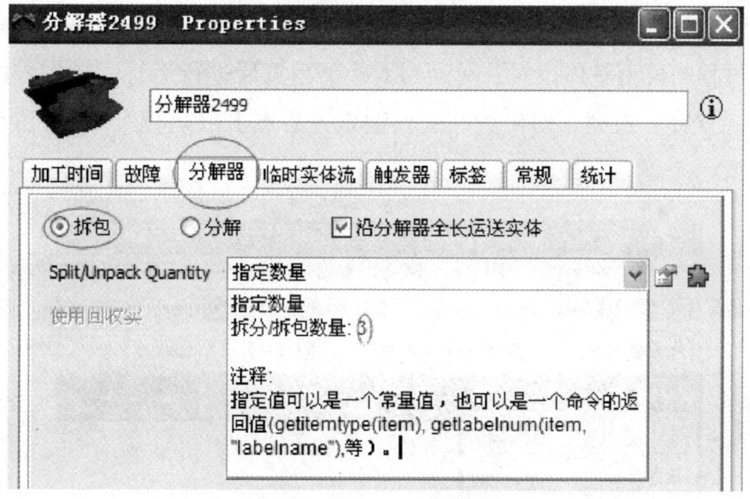

图 4—16　拆包数量设置示意图

步骤 9：运输工具调用参数设置

自动化立体仓库出入库作业系统中，作业员、堆垛机、机械手、叉车以及 AGV 都属于装卸搬运工具，在仿真模型中，对运输工具的调用由流动过程中搬运货物的上游设施设备完成。例如，在该模型仿真中将整托盘货物从组托点搬运到传送带上执行入库作业，组托点即为该搬运过程的上游，需要在组托点的“临时实体流”选项卡中勾选“使用运输工具”选项，完成调用设置，其余需要调用的运输工具设施设备的设置方法与此相同，具体如图 4—17 所示。

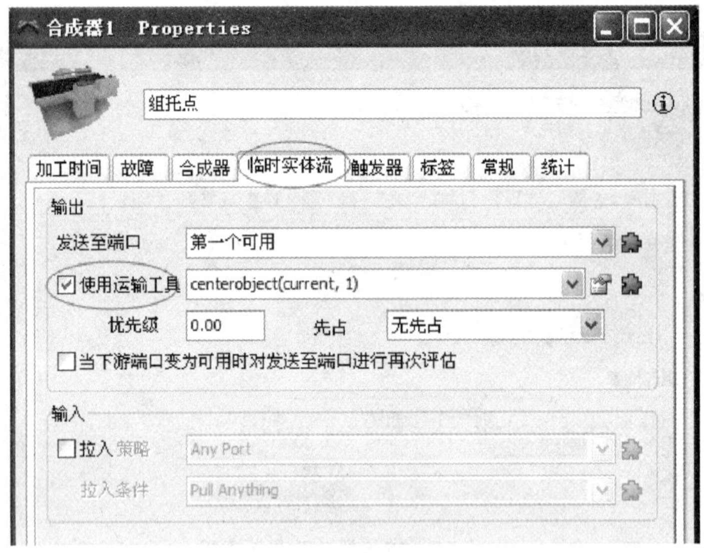

图 4—17　调用运输工具参数设置示意图

◇ 第四阶段　模型运行

经过以上过程的模型整体设置，可通过对模型重置后进行运行，操作方法是：单击仿真控制栏中的“重置”按钮，对设置好的模型重置后点击“运行”，观看仿真效果，具体如图 4—18 所示。

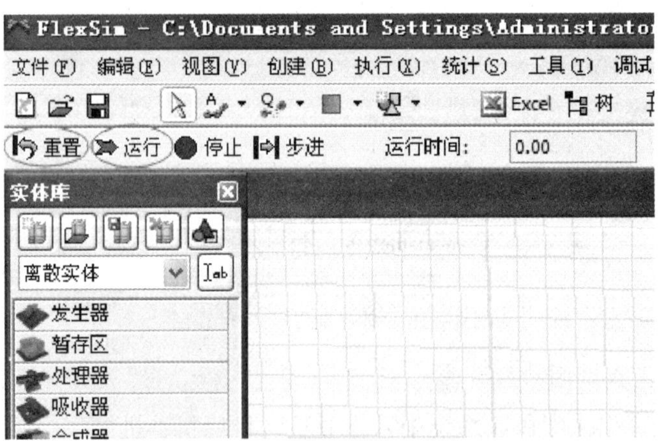

图 4—18　模型运行设置示意图

模型运行最终效果如图 4—19 所示。

【思考练习】

1. 重新启动 FlexSim 仿真软件，独立完整地完成上述模型。

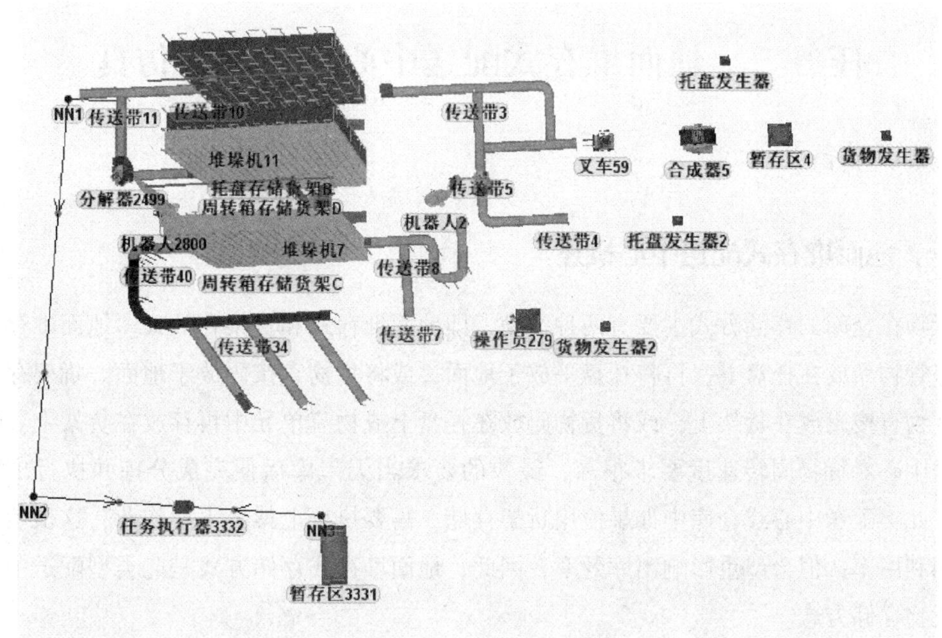

图 4—19　模型运行最终效果图

2．分析该自动化立体仓库作业系统的主要构成部分。

3．根据模型演示效果，思考该自动化立体仓库布局是否合理；如果不合理，分析存在哪些问题，试提出改进方案。

【实训评估】

实训报告撰写要求：根据本任务的实训内容，完成一篇针对该自动化立体仓库作业系统仿真模型的实训报告，对该系统作业流程进行说明，并对模型运行过程进行分析，说明该作业系统存在的优势或问题，并说明原因或解决方案，字数不限。

自动化立体仓库作业仿真实训考核表			
考核项目	分值	最终成绩	被考核人
出勤情况	30 分		
实训报告	50 分		
课堂表现情况	20 分		
合计	100 分		

任务二　地面堆存式配送中心作业流程仿真

【知识准备】

一、地面堆存式配送中心概述

货物在仓库的存储方式主要有两种类型，即地面堆存式和货架存放式。地面堆存式主要将保管物品放在托盘上，再将托盘平放于地面，或将货物直接码放于地面。货架存放式是将货物直接码放在货架上，或将货物码放在托盘上或物流单元中再存放在货架上。销售型配送中心对货物周转速度要求很高，最快的要求当天入库后便完成分拣并执行出库作业，在此类配送中心或仓库中如果使用货架存储，需要执行上架及下架作业，这虽然提高了空间利用率，但会严重影响出库效率，因此，地面堆存式存储方式是此类型配送中心的常用货物存储方式。

二、仓库地面堆码注意事项

（1）物资堆放一定要遵循“三不”原则：不得阻塞通道；不得阻塞消防栓和灭火器；不得超高。

（2）物资堆码要根据物资的特性、自然因素、外部环境的要求，做到科学分类、合理码放、妥善保管。

（3）不同品种、规格、型号的物资分开码放。

（4）叠码堆放要码放稳定，不偏不倚、不歪不斜，形成整数，检点方便。

（5）仓库物资应堆放成行成线，标识清晰，无杂物积尘，在外包装能够承受的前提下确保产品不会受到挤压损坏；不得过高重叠堆放，堆放不得有倾斜等安全隐患。

（6）按产品类型进行分类堆放，相同类型的物资码放在相同的位置，相似类型的物资码放在相邻的位置，同类型不同厂家的产品须分开，不得混合重叠。

（7）堆码物资应易于先进先出、易于搬运装卸，方便物资在仓库内的移动、存放和取出，保证操作作业的安全性，防止物资在搬运装卸过程中受损。

（8）仓库按区域货位管理，设有标牌明确标识仓库物资名称、货位、保管责任人等信息，在有限的仓库面积内充分合理地利用仓库空间，进一步提高仓库利用率。

【实训目的】

1. 了解地面堆存式仓库作业系统的基本构成。
2. 了解地面堆存式仓库作业的基本流程。
3. 能独立分析地面堆存式配送中心的出入库作业能力，并分析其优劣势。
4. 掌握 Flexsim 仿真软件在地面堆存式配送中心作业系统仿真方面的各类应用方法。

【实训背景】

某烟草企业的成品烟配送中心采用地面堆存式进行货物存储和出入库作业，其占地面积5 000 m^2，2008 年 10 月开工建设，于 2010 年 5 月建成使用。具有出入库及存储功能的配送中心，年卷烟吞吐量达到 100 万箱/年，存储容量达到 30 万件。

该楼层库的主体结构为三个小型库区，仓库总建筑面积 1 000 m^2。该仓库所有的出入库及转储作业全部通过人工及电动叉车完成。仓库内部配置有可以实时控制每个货位的 RFID 读写设备，并有无线网络给予支持，所有信息可以进行实时采集和传送。每个库区一层的货物当天完成入库和出库。现该配送中心要对 1 号配送中心一层的作业流程进行仿真并分析其作业流程是否合理。图 4—20 所示为该仓库的平面布局图，最上方横向排列 8 个月台，用于货车停靠，然后由叉车通过月台进行装卸车作业；布局图中间位置为仓库存储区，第一个小库区可提供 508 个托盘存储货位，第二个小库区可提供 652 个托盘存储货位，

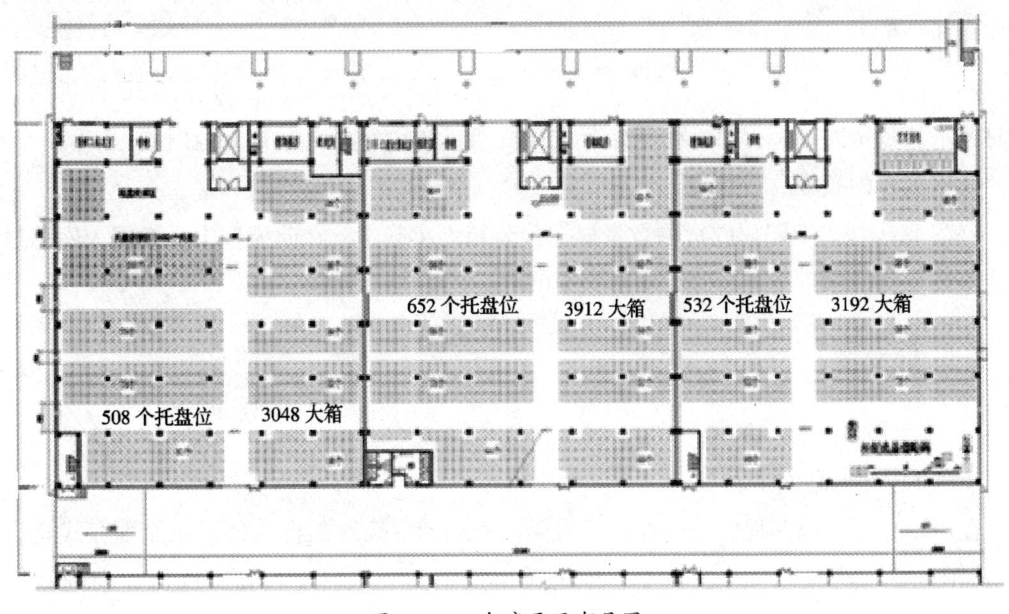

图 4—20　仓库平面布局图

第三个小库区可提供592个托盘存储货位；所有货物在仓库中只堆码一层，没有货位分布的区域为叉车通道。

【实训内容】

(1) 该地面堆存式配送中心将生产基地送达的六种货物执行入库作业。将供应商送达的六种货物A、B、C、D、E、F（见表4—3）送至入货口后，由作业员将货物搬运至组托点进行组托作业，组托完成后由叉车送至仓库内部对应货位。

表4—3 货品类型及到货数量

货品名称	到达时间（s）	货品类型	到货数量（箱）
产品A	100	1	800
产品B	100	2	800
产品C	300	3	800
产品D	300	4	800
产品E	500	5	800
产品F	500	6	800

(2) 代表仓库入货口的发生器产生六种不同类型和颜色的临时实体，代表六种货物，按照规定的时间送达，类型值分别为1、2、3、4、5、6，系统随机设置六种不同颜色。

(3) 类型1、2、3、4、5、6的临时实体被送至不同入库暂存区，由作业员执行码拖入库作业。

(4) 货架要求5行6列，平放于地面，形成地面堆存式货位，可存储30种货物。存储时要求从货架的第一行第一列开始存放，货架行高和列宽均为1.5。在执行入库作业时，按照从里到外的顺序放置货物。

(5) 每个托盘上码放的货物数量根据包装箱大小确定，在此模型中，根据入库总量及包装箱尺寸，确定每个托盘码放数量为10箱。

【实训步骤】

◇ 第一阶段 拖放实体

步骤1：导入仓库平面布局图

在进行仓库作业流程仿真过程中，为保证布局的准确性，将该公司地面堆存式仓库平面布局图导入模型中。操作方法是：单击菜单栏中的“工具”按钮，选择其中的“模型背景”选项，根据平面图文件类型选择图片或AUTO CAD格式进行导入。

步骤 2：拖放实体

根据平面布局图中各模块的位置，拖放相应的实体，具体实体类型及数量见表 4—4。实体托盘完成后的平面效果如图 4—21 所示。

表 4—4　　实体类型及数量参数一览表

实体名称	数量	功能
货架	28	存储货物
暂存区	6	出入库暂存区
发生器	4	产生货物和托盘
合成器	6	作为码拖作业点
叉车	6	执行出入库搬运作业
作业员	12	进行码拖及搬运作业
分配器	6	调度作业员

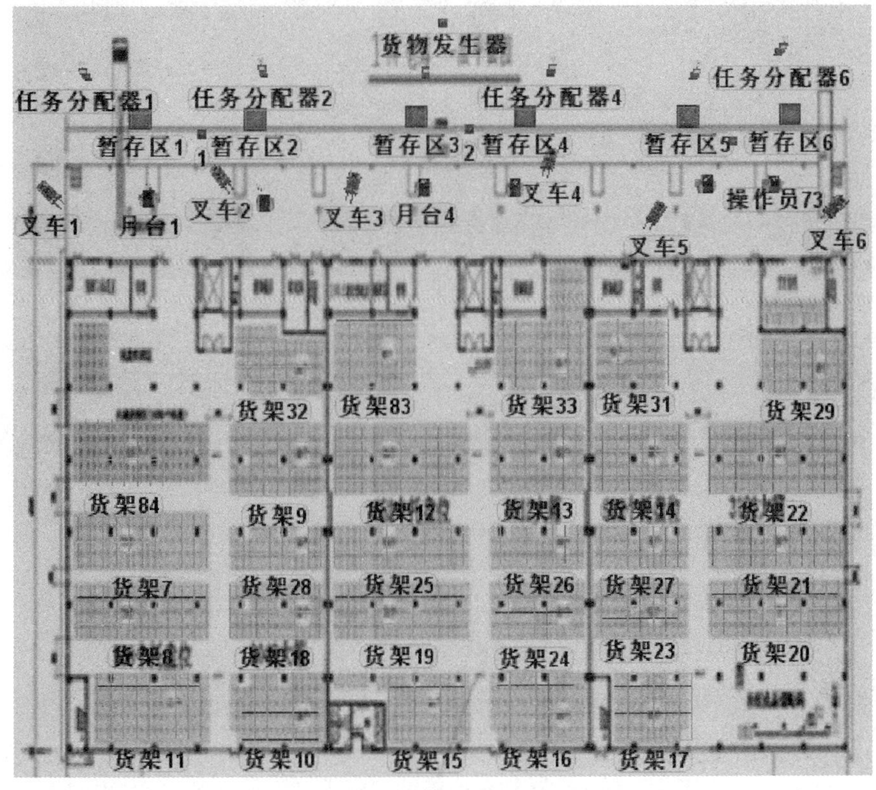

图 4—21　实体拖放完整效果图

◇ 第二阶段　逻辑连线

步骤 3：连接端口

根据临时实体的路径连接端口，连接方法是：按住“A”键，然后用鼠标左键点击起始位置实体并拖曳到送达位置实体，再释放鼠标键，拖曳时可看到一条黄线，释放后逻辑连接线变为黑线；按住“S”键，然后用鼠标左键点击起始位置实体并拖曳到送达位置实体，再释放鼠标键，拖曳时可看到一条黄线，释放后逻辑连接线变为黑线。本模型中的逻辑连线最终效果如图 4—22 所示。

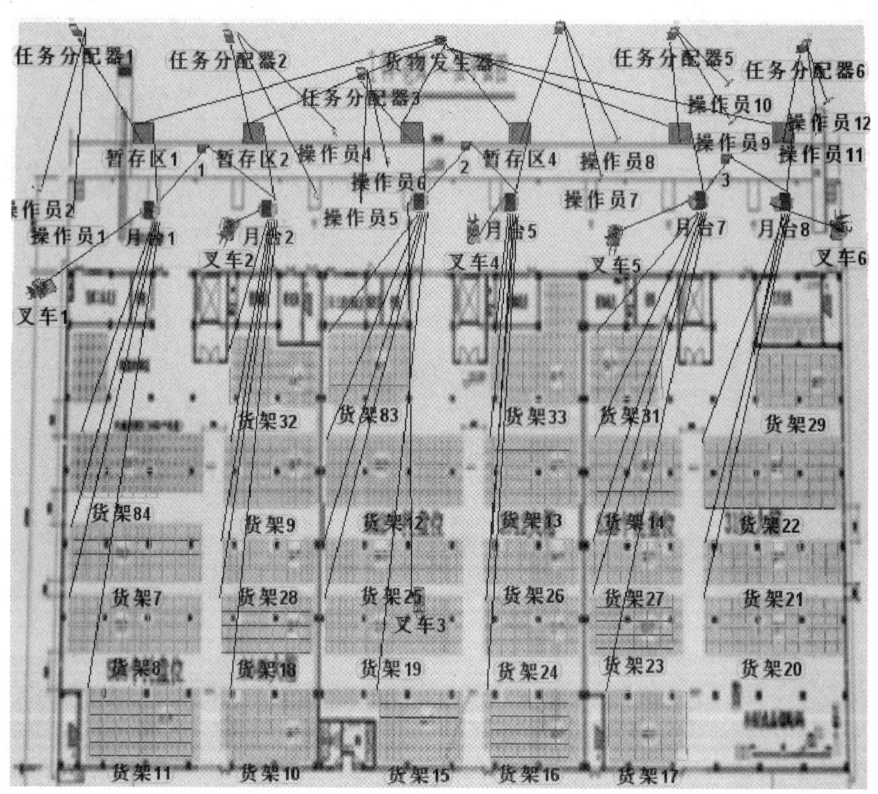

图 4—22　逻辑连线完整效果图

使用 A 连接，分别连接货物发生器到各暂存区；

使用 A 连接，分别连接托盘发生器到对应合成器；

使用 A 连接，分别连接暂存区到对应合成器；

使用 A 连接，分别连接合成器到对应位置的各个货架；

使用 S 连接，分别连接暂存区到对应的任务分配器；

使用 A 连接，分别连接任务分配器到对应的两名作业员，每个码拖点配置两名作业员；

使用 S 连接，连接每一个合成器到对应的叉车，每个合成器配置一辆叉车。

◇ 第三阶段 参数设置

每个实体都有其特有的图形用户界面（GUI），通过此界面可将数据与逻辑加入模型中。双击实体可打开叫作参数视窗的 GUI。

步骤 4：货物发生器参数设置

双击代表入货口的发生器打开它的参数视窗，按照实训内容中的要求进行设置，并在触发器中设置六种不同的商品，具体如图 4—23 所示。

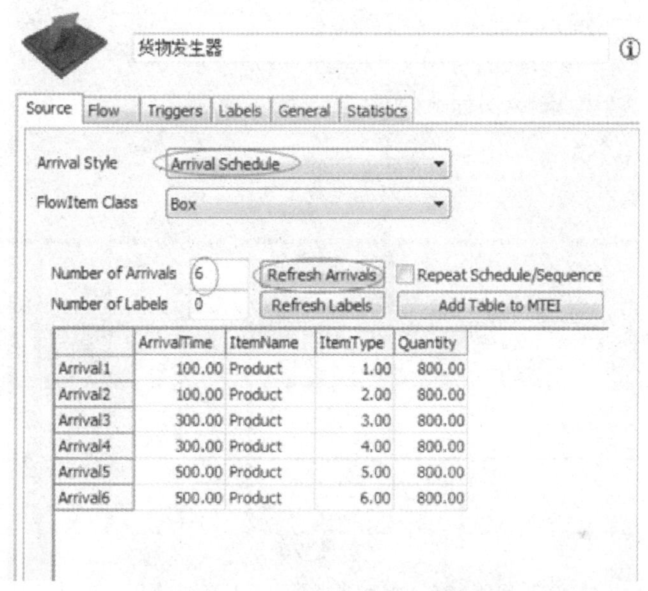

	ArrivalTime	ItemName	ItemType	Quantity
Arrival1	100.00	Product	1.00	800.00
Arrival2	100.00	Product	2.00	800.00
Arrival3	300.00	Product	3.00	800.00
Arrival4	300.00	Product	4.00	800.00
Arrival5	500.00	Product	5.00	800.00
Arrival6	500.00	Product	6.00	800.00

图 4—23 到达时间表设置示意图

步骤 5：调用运输工具设置

对入库暂存区、合成器等需要调用运输工具或作业员的实体进行设置。主要参数按照系统默认设置。在货物到达入库暂存区后，需要作业员将货物搬运到组托点。具体调用操作员的方法是：双击“入库暂存区”，点击“临时实体流”选项卡，勾选“使用运输工具”选项，完成调用搬运工设置，其他实体调用运输工具的方法与此相同，具体如图 4—24 所示。

步骤 6：货物存储区参数设置

设置货物 A 存储区的“货架”选项卡，点击放置到列后面的下拉菜单，选择“第一个可用列”选项，点击放置到层后面的下拉菜单，选择“第一个可用层”选项，其中单个货格的最大容量设置为 1，勾选货架选项中的“地面存储”项，根据实训内容中对货架的要求进行设置，设置后效果如图 4—25 所示，在地面上形成可存储 40 个整托盘货物的货位。

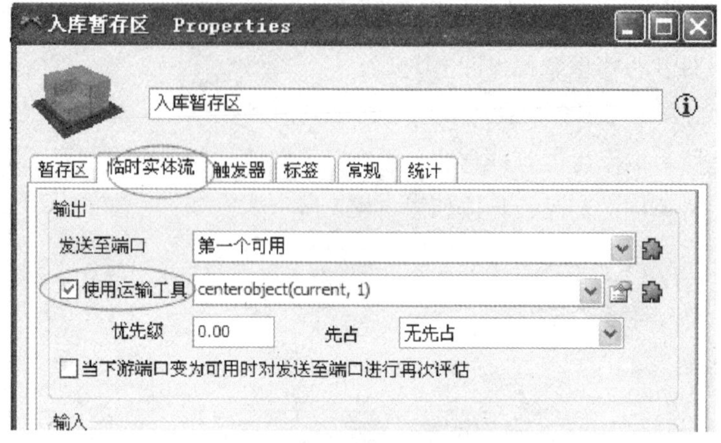

图 4—24 使用运输工具设置示意图

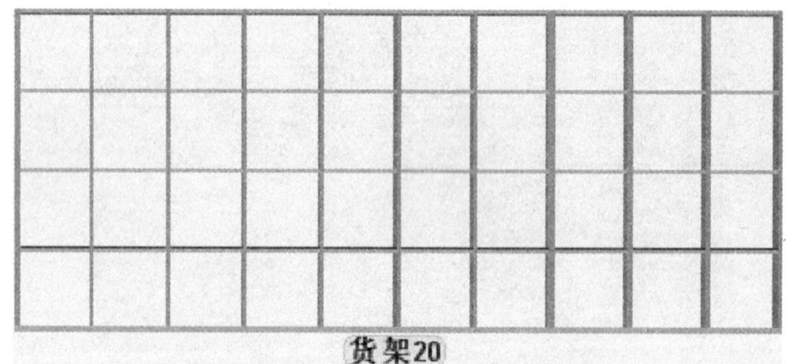

图 4—25 地面存储式货位设置效果图

◇ **第四阶段 模型运行**

经过以上过程的模型整体设置，可通过对模型重置后进行运行，操作方法是：单击仿真控制栏中的“重置”按钮，对设置好的模型重置后点击“运行”，观看仿真效果。模型仿真最终效果如图 4—26 所示。

【思考练习】

1. 重新启动 Flexsim 仿真软件，独立完整地完成上述模型。

2. 分析该地面堆存式配送中心入库作业系统的作业能力。

3. 根据模型演示效果，思考该模型对应的作业流程及货位分配方式是否合理；如果不合理，分析存在哪些问题，提出改善方案并进行仿真。

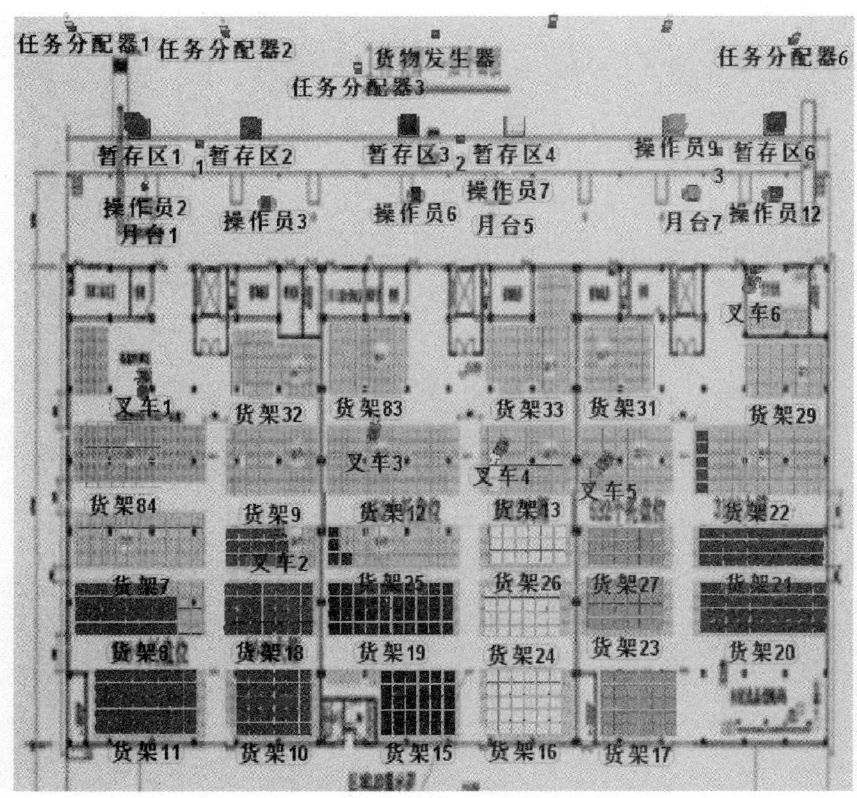

图 4—26　模型运行最终效果图

【实训评估】

实训报告撰写要求：根据本任务的实训内容，完成一篇针对该企业配送中心作业系统仿真模型的实训报告，对该系统作业流程进行说明，并对模型运行过程进行分析，说明该作业系统存在的优势或问题，并说明原因或解决方案，字数不限。

地面堆存式配送中心作业仿真实训考核表			
考核项目	分值	最终成绩	被考核人
出勤情况	30 分		
实训报告	50 分		
课堂表现情况	20 分		
合计	100 分		